U0067154

諮商與特教實務有聲圖書（第三輯）

學習手冊

蕭文　總策畫

作者簡介

（依各人負責章次順序排列）

作者	學經歷簡介
蕭文（總策畫）	美國密蘇里大學諮商心理學博士 國立暨南國際大學輔導與諮商研究所教授兼所長
王昭琪	國立暨南國際大學輔導與諮商研究所碩士
于曉平	國立台灣師範大學特殊教育學系博士候選人 台北市第一女子高中特教組長
林幸台	美國喬治亞大學哲學博士 國立台灣師範大學復健諮商研究所教授兼所長
張靖卿	國立台灣師範大學特殊教育學系博士候選人 台北市麗山高中特教組長
王秋霜	國立暨南國際大學輔導與諮商研究所碩士
王志寰	國立政治大學心理學系博士候選人
梁淑慧	國立政治大學心理學系碩士

鍾思嘉　　　美國奧瑞岡大學博士
　　　　　　國立政治大學心理學系教授

黃淑賢　　　國立暨南國際大學輔導與諮商研究所碩士

趙淑珠　　　The University of Georgia, U.S.A.哲學博士
　　　　　　國立彰化師範大學輔導與諮商學系教授兼
　　　　　　　主任

游淑貞　　　國立彰化師範大學輔導與諮商學系碩士

施香如　　　國立彰化師範大學輔導博士
　　　　　　國立新竹師範學院教育心理與諮商研究所
　　　　　　　副教授

林美珠　　　美國普度大學諮商師教育哲學博士
　　　　　　國立花蓮師範學院諮商與輔導研究所教授
　　　　　　　兼主任

李文雅　　　國立彰化師範大學輔導與諮商學系碩士

序

　　二十年前，當我踏進輔導界工作時，一位前輩告訴我：「是輔導在玩你，不是你在玩輔導！」二十年後，我終於了解前輩話中的意思。這幾年來，社會變遷極度快速，過去書中所描述的各類個案問題和輔導方法，遠遠超越現實社會的狀況與需求。例如青少年網路成癮的問題，就讓許多輔導人員束手無策，而苦思對策，都仍然難解。

　　十年前，心理出版社許麗玉總經理曾邀我拍了第一輯諮商實務錄影帶，後三年又拍了第二輯，當時純粹是基於好玩兼嘗試的心理，部分理由也是為自己教學上的方便，可是十年過去了，我發現這些有聲資訊愈來愈不能滿足當今的社會問題。就以「自殺」個案為例，在第一輯的錄影帶中就討論過自殺的問題與防治的方法，然而今天個案自殺的理由似乎沒有一個定律可以依循；又以憂鬱症為例，十年前也討論過這個問題，可是現在每天打開報紙，幾乎都有憂鬱症案例的報導，其嚴重性與發生率遠遠超過過去書本知識對憂鬱症的掌握；其他許多個案問題，例如注意力缺陷兒童（ADHD）在學校出現比率持續增加，家庭與婚姻暴力對青少年的影響愈趨複雜等，這些因社會變遷而出現或加重影響的諸多問題，讓許多輔導人員和心理衛生工作人員難以應付。

　　在第一次輕鬆的接觸中，許總經理以她從事出版心理書籍的職業敏感，很嚴肅的談到了這幾年來我心中的一些

想法，我們都覺得有必要再為輔導界做一些事，記得當時台灣師大林幸台教授和政治大學鍾思嘉教授也在場，他們二位的學養都在我之上，當時他們二位也提出了「應該考慮把特教與輔導做一結合」，許總經理和我都覺得這是一個十分有創意的想法，當即草擬了十個最近幾年來輔、特兩個領域中亟需整合的主題，於是第三輯諮商實務的拍攝計畫就這樣誕生了。值得一提的是，近二十年來社會變遷深受後現代哲學思維的影響，後現代思維下的輔導與諮商明顯與過去不同，因此在這一次的計畫中也加入了後現代的主體概念及對輔導的影響。

這一套的錄影帶（應該是DVD），由於個案問題的高難度，在拍攝上不是我們這些輔導工作者所能勝任，幸好傳奇傳播張康爵導演以他多年與我合作的經驗，給了我們許多技術上的指導，我要特別藉此一併感謝！

輔導工作是一條不歸路，未來應當還會有第四輯的！

蕭文 於暨南大學
二○○五年六月

目　次

v

1

正向心理學在諮商輔導上的應用

王昭琪、蕭　文

壹、前言

　　過去的心理學由於深受病理模式的影響，將焦點只著重於心理與精神疾病，而此思維也影響著心理治療的模式，從個人的弱點、困擾問題與不適應的角度著手了解個案。這樣的概念似乎讓諮商師抽離了個案與困擾的問題，只以專業技術與知識介入問題本身，身為人的個案反而淪為附屬品。

　　綜觀近幾年來，自殺率的不斷攀高，以及憂鬱症的普遍化與趨年輕化，使得心理學在此心理疾病如此嚴重的年代，似乎不能再遵循以往的步伐，反而開始反向思考，從一個人何以產生困擾，轉向從何以與如何會適應良好的角度切入。而藉由此概念的引發也帶動了正向心理學的發展，喚起了大眾對於個體發展技巧與資源的正向思維，重拾生命的價值與意義。藉由此潮流的發展，心理治療的焦點逐漸從病理學轉向個體本身所擁有的力量與能力，治療的模式也從被動的治療朝向積極的預防。因此，將此概念融入於輔導與諮商當中，將是當前必須著眼之處，更是未來必然之趨勢。根據這樣的觀點，輔導與諮商不應只侷限於處理個案的困擾，必須從心理健康的角度改變個案對自身能力的運用，並以健康、積極的態度去面對生活與未來。

貳、正向心理學

(positive psychology)的概念

一、正向心理學的思潮發展

早在第二次世界大戰前，心理學被人們賦予三項任務：療癒心理疾病、使人類的生活更為滿足與快樂、培育更為豐富的才能（Seligman & Csikszentmihalyi, 2000）。雖然藉由經濟的起飛與藥物學的發展，似乎實現了第一項任務，同時也成就了臨床心理學等同於心理治療，但卻遺忘了其中兩項歷史性的任務。

然而隨著社會的變遷，雖生活的物質條件愈來愈富足，個體卻沒有因此感到快樂與滿足；相反地，由於心理疾病的「治療」模式強調個人的弱點與不適應問題，使得個人所了解到的自我皆為負面經驗，進而漸漸地接受對於現實的負向評價並深植心中，最終也忽略了自我生命的快樂與意義。而這樣的結果從以往心理學研究的歷史來看，並不意外，以研究心理學文獻為例，自一九六七年以來，將研究焦點置於負向情緒者，其比例（21：1）遠高於研究正向情緒（Myers, 2000）。同時，由於多數著墨於人類的偏見、錯覺、幻覺、非理性信念、缺點與錯誤，「缺陷」與「修補」成為研究與治療的典範。

正當心理學沉溺於危機、問題、病理與處遇時，一群研究兒童與青少年的心理學家開始注意到，何以身處險惡

環境的孩子能不受環境影響而順利成長。若以幼兒的成長來看，沒有所謂的過去可以進行修補，在發展過程所給予的是他們能力與特質的建構，進而作為未來面對環境與挑戰的基礎。而這樣的發現帶動了一連串的研究效應，開始去探討人類成功適應與正向發展的重要現象。換言之，心理學家意識到心理治療「療癒」的限制，逐漸將視野延伸至健康的發展與促進，而不是只侷限於狹隘的疾病對抗。也因此初級預防（primary prevention）的概念開始在社區輔導與諮商中萌芽，繼而喚醒了心理學家對於安康促進（wellness enhancement）意識的覺醒，最後成就了正向心理學的思潮（Cowen & Kilmer, 2002）。

二、正向心理學的概念探討

正向心理學是研究一般人長處與美德之科學研究（Sheldon & King, 2001），強調人們心理強度的能力，包括了樂觀、勇氣、誠實、自我了解與人際互動的技巧等。此正向的概念提醒了心理學家，研究的領域不只是在於疾病、缺點與損害，應該以更為開放的觀點欣賞人類的潛能、動機與能力。而這些能力與美德在生活中到底扮演何種角色？研究正向心理學的學者深信，優渥的物質條件或許帶給人類愉悅的生活，但其所建立的幸福感卻不是永久的。若想要超越愉悅的生活，就必須從建立個人的長處，並發揮至生活的每一個層面當中，以獲得真實的快樂與生命的意義；同時，透過長處與美德的展現——例如：勇氣、宏觀、正直、公平、忠誠，會幫助我們抵擋不幸的心理疾病，像保護層般防止個體受到傷害，甚至成為重建再

起的關鍵（Seligman, 2002/2003）。因此，正向心理學的潮流如同一道曙光，照亮了以往心理學研究的盲點，也重新喚起了被遺忘的心理學任務——建立美好的生活。這也使得心理治療並非如以往只針對個案過去生活中的殘破、缺損或創傷進行修補，反而從好的、有幫助的、適應良好之處進行建構。

綜觀上述，正向心理學是在幫助個人找到內在的心理能量，不只藉由此能量的發揮以獲得美好的生活，更是可對抗諸多人生挫折與不幸的緩衝器、抵擋逆境與困難，使得個體在遇到困難時，不會輕易落入憂鬱的狀態中。

三、正向心理學的研究領域

正向心理學的研究領域極為廣泛，Seligman 和 Csiks-zentmihalyi（2000）提出下列三種層次作為區分：

㈠**主觀經驗**：以研究人類的正向情緒為主。若從時間的軸向做切割，正向情緒又可劃分為對過往經驗所帶來的幸福感、滿足感與滿意度；強調當下的快樂與滿足；著眼於未來的希望感與樂觀。從人類演化的角度來看，正向情緒達到建構與拓展兩種目的，不但藉由個體愉悅與快樂的情緒感染周遭的氣氛以建立更多社會資源，也同時建構自己身體健康的優勢作為未來面對挑戰的後盾，在面對壓力、困境或失落時，更有復原（resilient）的能力而遭遇較少的傷害。而心情愉快時也較容易接受新的知識與訊息，以建構自己的視野，豐富智慧與經驗。以 Fredrickson（2001）的研究為例，個體在心情好時較能接受新的想法與新的經驗，藉由愉快的心情也較容易獲得他人的喜愛，

促進人際間的友誼與合作關係。綜而觀之，如同 Seligman（2002/2003）所說，正向情緒不僅可以擴展個體智慧的、身體的與社會的資源，更增加個體在威脅或機會來臨時可動用的儲備。

㈡**個體層次**：正向的個體特質，包括愛的能力、社交技巧、智慧、原諒、勇氣、創造力、幽默……等。例如，藉由原諒他人過錯的展現，不但可換來自己情緒的平靜，也同時讓自己擁有更廣闊的人際關係。另外，以幽默為例，適時發揮自己幽默的特質也可以使自我容易從情緒中跳脫，或是在面對壓力時作為有效的因應機制，進而減低焦慮與化解尷尬。而 Myers（2000）發現，快樂與憂鬱的人中，快樂與正向的心理健康有顯著的相關性，快樂的人較不自我中心、低敵意與辱罵、較不易受疾病的感染，性格也呈現出愛人、寬恕、信任、積極、果斷、創造力、社會智慧與助人等特質。

㈢**團體層次**：可以引發或促成個人培養與建立正向情緒、習得樂觀、長處與美德之正向組織、環境。例如民主社會、家庭支柱與使個體邁向更好的權力與職責的制度……等。團體的層次考慮到個體在生活中所扮演的不同角色，藉由在工作、家庭或社會的參與以及付出，將正向情緒落實在生活的每一個層面當中。Larson（2000）探討有利青少年正向成長的環境中發現，學校教育鼓勵的是外在環境規則的被動適應，學生鮮少有學習主動進取的機會。研究中強調，自主發展的環境脈絡應該是建構學生自發性的活動，例如藝術、運動、參與組織或社團，從經驗中結合內在動機與專注力。研究中也發現，藉由組織以及社團

的參與，青少年可以學習到新的操作語言，進而強化了自主發展的學習。

　　總而言之，正向心理學著重於人類成功適應與正向發展的重要現象，其短程目標在於促進個體健康的發展，更長遠的規劃應放眼於社區與國家，使之更可有效利用政策與計畫的改革，以培育人類更為豐富的才能，預防問題的發生。

參、正向心理學中的復原力概念

　　近三十年來，心理學家多數致力於復原力研究以宣揚正向心理學運動的主要概念，主要原因是這種看似平凡卻從未被賞識的神奇力量似乎可以解釋何以當多數人儘管面對困難還是對生活感到滿足。正向心理學為復原力研究者提出了重要的問題：區別人類的挑戰經驗是損害發展或是促進發展？而復原力的研究也繼續延伸問題至天性與發展的理想功能發揮：在面臨困境時，個體如何在社會脈絡下克服發展的課題？（Masten, 2001）

一、復原力的緣起與意義

　　過去心理學大多著重於人類行為、特質與潛能的負向方面，擴展了對於影響人類發展的危機因子（risk factor）研究，例如：早產、先天缺陷、家庭暴力與虐待、貧窮、藥物濫用與父母精神疾病……等影響心理健康的因素，而研究的結果大多強調壓力與逆境對於兒童的不利影響是普

遍而無差異性的。直到 Anthony（1974）提出「心理適應良好的兒童」（psychological invulnerable child）的概念，說明來自父母精神異常家庭的兒童在嚴重困境和心理壓力之下，其後的個人發展仍擁有健康情緒與免疫的能力，其焦點才轉向個體經歷壓力與逆境的個別差異影響上。而後，保護因子（protective factor）被視為個體的資源，能減緩暴露於危機的衝擊與改變結果的狀態，挑戰了消極經歷只會導致消極結果的觀點。直到一九八〇年代，保護因子的觀點不足以說明個人在面對生活重大挫折時所展現之抗壓行為的內涵，「復原力」的動態歷程觀點才加以取代，「復原力」一詞至此才被廣泛使用。

復原力一詞的盛行，帶動了心理治療領域對於復原力的研究與探討，學者紛紛在文獻中發表其研究成果。復原力被認為是個體在困境中能調適良好的正向能力、正向作用、在困境中能禁得起（withstand）與重新恢復（rebound）的能力或是自我修正與成長的能力，以幫助個體在險惡的環境中減少負向行為與顯現出健康的行為。國內學者蕭文（2001）認為復原力是個人具有或學習到的某種特質，這些特質或行為會在個人與環境的互動中保護個人不受壓力或挫折情境的影響，使個人重新獲得自我控制的能力，並因之發展出健康的因應行為。正當學者們對復原力缺乏一個一致性的定義時，Doll 與 Lyon（1998）從眾多定義中抽出復原力的中心概念：「成功因應、度過危機與困境，或在面對危機或壓力時所展現的能力。」（p. 348）Rutter（1987）認為復原力的研究中，並非單純地找出擁有哪些復原力，而是應該將焦點放在復原力何以能幫助個

人抵抗壓力，強調的是個人與環境互動的過程。換句話說，復原力不只是一個結果的測量，當具復原力者處於危機中，其復原力代表的不是結束點，而是象徵著生活中持續的努力。

二、復原力的建構

個體在早期發展，藉由學習下列五個發展任務，構成了復原力的建構要素（Grotberg, 1999）：

㈠信任（trust）

為復原力建構的基礎，是一種在生活、需求與感覺中能信任他人的特質，也代表個體能信任自己能力、行動、未來與自我。個體若無法信任自己有能力去面對或不相信他人的幫助，就無法處理所遭遇的困境。

㈡自主（autonomy）

個體在此階段中了解如何做才能得到周遭他人的反應或他人如何得到你的回應。隨著此能力的發展，個體建構出同理與關懷他人、尊重自我與他人、對自我行為負責等復原力因子，例如，能夠允許自己犯錯並接受他人的批評而不只是責怪他人。

㈢主動性（initiative）

周遭他人成為個體促動復原力的重要角色，開始引發對於新事物的興趣、投入其他活動並成為其中的一份子，如此個體才能經驗到自己與世界的連結。隨著主動與進取心的發展，影響了個體未來創造力、領導能力、創新能力與行動力的展現。

㈣勤勉（industry）

由於希望獲得同儕與老師的認可，個體會努力於自己的成就使他人喜歡或滿意，而社會技巧包括獨立自主、合作、社會才能與溝通能力，也隨之被引發。

㈤認同（identity）

於青少年時期發展其認同感，認同的形成有助於個體對自我定義與自我形象的了解，影響個體是否能愛人愛己、有良好的學習楷模，成為一個自信、樂觀與充滿希望的人。另外，青少年時期對於冒險的追求，少於成年人面對困境的包袱，更能引發出自由、自主意識與不屈不撓的精神。

經由上述五項發展的任務，建構了個體生活與環境互動中的復原力，藉由「我擁有（I have）、我是（I am）、我可以（I can）」三種型態呈現，隨著不同年齡的階段繼續發展與增強。個體面臨心理健康受威脅的不同環境，憑藉著內在的自我系統、過去成功經驗、因應能力等資源，用不同型態呈現復原力的行為，以減低可能造成的傷害。

三、復原力的構成因子

對於復原力的構成因子，可從三方面做歸納：

㈠**情境脈絡向度**：外在環境的向度，包括父母的照顧、家庭溫暖與凝聚力等家庭系統，以及學校、鄰居與機構組織所提供的支持與協助。

㈡**資源與能力類型**：資源與能力可分為三類，第一是社會所給予的支持，例如：文化影響、社區支持、學校支持與家庭支持。另外，認知技巧的發揮與展現，例如：智

力、因應型態、個人控制與意義的賦予。最後是心理資源的建立與拓展，例如：人格特徵、正向的自我評價、目標的追尋等。

　　㈢個人面對壓力或困境的態度與能力：包括具有幽默感並對事件能從不同角度觀之；雖置身挫折情境，卻能將自我與情境作適度分離；能自我認同，表現出獨立和控制環境的能力；對自我和生活具有目的性和未來導向的特質；具有向環境／壓力挑戰的能力；有良好的社會適應技巧；較少強調個人的不幸、挫折與無價值／無力感等七種（Konrad & Bronson, 1997）。

　　由上可知，復原力因子相當廣泛，涵蓋了行為、智能與情感三個層面，藉由個人所擁有的這些優點與能力，使得個體面對困境時，能重新拾回對自我的控制感與生命的價值。

肆、正向心理學在諮商輔導的應用

　　長久以來，前來求助的個案不是覺得自己山窮水盡，就是一籌莫展，在諮商歷程中，諮商師所給予的只是從挫敗的經驗中找出問題解決之道，而所展現的同理心容易導引個案更為憐憫自我的遭遇，但其導致的結果卻還是挫敗的。漸漸地，諮商歷程變成了無菌的溫室，個案反而更為無力去面對現實的環境。以身體的病痛為例，若只是一味地要消滅細菌，如此一來，身上好的細菌也會被消滅。而正向心理學提供了不同的思考角度，如果多從個案的身上

製造一些好的細菌，或是使原本留在體內的好菌發揮作用，如此一來，個案不僅可以減輕病痛，更能達到未來預防的功效。而如何將正向心理學的概念運用在諮商輔導歷程中，作者提出下列建議：

1. 協助個案從自己的身上找到優點、能力，並從個案的經驗中給予強化，使之有自信表現正向行為。

2. 協助個案建立與學習新的人際技巧，能在生活的情境中有更多的社會連結，互相給予支持與鼓勵或付出關心與關懷。

3. 利用短期諮商問話的技巧，提供個案正向思考。例如：你做了什麼，使得情況沒有繼續惡化？

4. 協助個案建構生活目標與藍圖，在建構的歷程中，個案已經開始將目標具體化，也獲得了對於未來的夢想與期待。例如：想想看，如果諮商結束後，你希望自己能有什麼樣的改變？或是對於非志願個案，請他思考如何讓他自己不需要再來接受諮商。

5. 協助個案建立樂觀、正向的態度與知覺，例如強化個案對於不幸事情的暫時性與特定性之解釋。

6. 改變個案對於過去失敗的解釋，重新建構自我的正向認同。

7. 雖「江山易改，本性難移」，但難移並非不可移。如有可能，協助個案改變或建立新的人格特質，例如：勇氣、堅忍、誠實、正義、修養……等。

8. 根據個案所面臨的不同情境，給予多不同復原力因子的建構，例如：幽默、具彈性、引發他人正向回應、主動尋求訊息與協助……等。

參考文獻

Seligman, M. E. P. （2003）。真實的快樂（洪蘭譯）。台北：遠流。（原作出版於 2002）

蕭文（2001）。災變事件前的前置因素與復原力在創傷後壓力症候反應心理復健上的影響。教育部學生輔導支援中心承辦之九二一地震心理復健學術研討會論文集，34-40。

Anthony, E. J. (1974). The syndrome of the psychologically invulnerable child. In E. J. Anthony & C. Koupernik (Eds.), *The child in his family: Children at psychiatric risk* (pp. 524-544). Chichester, England: John Wiley.

Cowen, E. L., & Kilmer, R. P. (2002). Positive psychology: Some plusses and some open issues. *Journal of Community Psychology, 30*, 449-460.

Doll, B., & Lyon, M. A. (1998). Risk and resilience: Implication for the delivery of educational and mental health services in schools. *School Psychology Review, 27*, 348-363.

Fredrickson, B. (2001). The role of positive emotions in positive psychology. *American Psychologist, 56*, 218-226.

Grotberg, H. (1999). *Tapping Your Inner Strength*. CA: New Harbinger Publications, Inc.

Konrad, K., & Bronson, J. (1997). Handling difficult times and learning resiliency. *AEE International Conference Pro-*

ceedings, 188-198.

Larson, R.W. (2000). Toward a psychology of positive youth development. *American Psychologist, 55*, 170-183.

Masten, A. S. (2001). Ordinary magic: Resilience processes in development. *American Psychologist, 56*, 227-238.

Myers, D. (2000). The funds friends and faith of happy people. *American Psychologist, 55*, 60-67.

Rutter, M. (1987). Psychosocial resilience and protective mechanisms. *American Journal of Orthopsychiatry, 57*, 316-331.

Seligman, M. E. P. & Csikszentmihalyi, M. (2000). Positive psychology: An introduction. *American Psychologist, 55*, 5-14.

Sheldon, K. M. & King, L. (2001). Why positive psychology is necessary. *American Psychologist, 56,* 216-217.

2

資賦優異兒童／青少年的認識與輔導

于曉平、林幸台、張靖卿

壹、資優生的特質與適應問題

　　資優學生是具有傑出特質者，表現在智力、創造力、工作專注等方面，因為在學習方面具有優異的能力，所以老師和家長經常將注意焦點放在他們的認知特質上。例如，資優學生的認知特質包括：(1)學習能力快速，所需的學習時間比別人少；(2)做感興趣的事物專注、持久；(3)觀察力敏銳，可以從各種經驗中得到許多訊息；(4)記憶能力強，聽過或看過的訊息能持久不忘；(5)理解能力優異，能夠快速掌握主要概念；(6)類推能力良好，能夠舉一反三；(7)能善用學習策略，甚至自己發展一套適合自己的學習法則；(8)能夠主動涉獵感興趣的題材，相關知識豐富；(9)好奇心十足，對於感興趣的事物，常常打破砂鍋問到底；(10)樂於接受挑戰，喜歡接觸困難度高的學習材料。

　　然而，資優生因為在學習與心理特質上異於一般學生，所以存有一些特殊的適應問題，可能導致負面的人際互動而影響其自我概念與自我發展，產生不良適應。Silverman（1993）指出，雖然資優生就群體而言，是社會上學習有利的一群，但就個體來說，資優生因身心特質不同於他人，而造成內在的痛苦。這種痛苦不僅源自於外在壓力，也源自內部不尋常的心理結構。資優生不只認知能力較一般兒童複雜，其情緒特質也是一樣。

　　資優生特殊的情緒特質即 Dabrowski 所說之過度激動特質，Dabrowski 以「過度激動」為一種發展動能，他認

16

為資優者自幼即精力充沛、活潑好動，有時可能會被認為是過動兒，但也因此種特質，使其對感興趣的事物能夠持續專注地投入（引自 Silverman, 1993）。Dabrowski 認為資優生有以下五種過度激動特質：

(一)**心理動作的過度激動**：說話快、動作快、冒險性強，但精力旺盛而有強迫性多話的傾向或神經質的表現。

(二)**感官的過度激動**：對聽覺、視覺、嗅覺、味覺等的感覺敏銳，但為紓解內在的緊張而尋求感官的滿足或縱慾、不能忍受噪音、不美好的事物。

(三)**智能的過度激動**：渴望知識、好問、追求真理、思考獨特，但不滿現實與權威，批判或反抗性強烈。

(四)**想像的過度激動**：想像力豐富，善用視覺表徵，但喜歡幻想、做白日夢、注意力不集中。

(五)**情緒的過度激動**：人際敏感，關心他人及社會，但常有強烈而複雜的感受，因此對感情的記憶深刻鮮明，關切死亡問題、憂慮社會，可能產生心身性反應，如：胃痛、焦慮、抑鬱等。

資優生在優異的認知與特殊的情緒特質影響下，可能使一般人對於他們有正反兩種不同的看法（蔡秋桃，1984）。分述如下：

1. 積極的看法
(1)得人緣、有愛心、合群、誠實。
(2)富創意、興趣廣泛。
(3)其焦慮與智商成負相關。
(4)具有幽默感。
(5)有耐心和毅力。

(6)情緒穩定、成熟。

2. 消極的看法

(1)對學校的態度傾向消極、不參與。

(2)平庸相：Dunlop 認為，資優兒童為獲得同伴的認可，常會掩飾自己的才能，一則可以避免他人的嫉妒，再則可以避免教師給予額外的作業（毛連塭，1978）。

(3)怕失敗：有些資優兒童善用各種自我防衛機制來避免可能失敗的情境。

(4)直言無忌：資優兒童有挑釁性，好抬槓，喜歡提出問題難倒別人，好向權威挑戰。

(5)缺乏耐心。

(6)情緒不穩定。

(7)自我態度消極。

由上述可知，一般人對資優生確實有兩種不同的看法，蔡秋桃（1984）認為，這可能源於生長在不同的環境所致。因此，不同環境中的人與資優生互動的結果，可能對其特質產生不同的解讀，而有不同的反應。

事實上，資優生在普通班中，普通班老師與同學對他們有不公平的期待，包括（Clinkenbeard, 1991）：

1. 當資優生和普通生同組時，資優生被期待要完成所有的工作。

2. 普通班老師期望資優生得高分，否則就覺得失望。

3. 普通班老師和學生傾向將資優生的優異表現，歸因於能力強，而非努力。

4. 普通班老師對資優生打分數的標準較高，因此即使

他們和其他同學做得一樣好或更好，也可能得到較差的分數。

5. 同齡的同學對資優生有嫉妒或嘲諷的態度。

而造成資優生同儕關係困擾的因素有（蕭芳玲，1993）：

1. 老師期待資優生在班上扮演監督者或小老師的角色，而資優生無論做得好或不好，都可能引起同學的反感。

2. 資優生超出同儕的語文能力、邏輯思考能力和早熟的想法，可能和同儕格格不入。尤其愈資優的學生此問題愈顯著。

3. 參加資源教室方案的資優生，相對於普通班的同班同學，他們在班上的時間減少，和同學互動的機會亦減少。

4. 女性資優生隨著年齡增長，其人際關係有逐漸低落傾向。有研究指出，台灣的資優女生的受歡迎程度最低。這可能和傳統社會文化對女性的刻板化觀念有關。

5. 資優學生的高能力使他們在社交方面較占優勢的，僅可能是他們有較好的社交認知，也就是說，在觀念上他們懂得如何與人相處，但在行為上他們卻不一定做得到。

6. 資優生超出同儕的能力，使他們在團體中常要扮演領導者，但領導行為的不恰當，反而引起同儕的排斥。

面對這些人際困擾的因素，資優生可能採取的應對之

道有（蕭芳玲，1993）：

㈠**平庸相**：不論是資優女生或是所有的資優生，若發現自己因表現超群，或自覺是此因素而導致同儕的排擠，又十分在意同儕的看法，便有可能矮化自己的能力，以表現自己和別人並無不同。

㈡**選擇年長者為友**：資優生或無法和同生理年齡者交往、溝通，可能選擇和他們心智成熟度相當的年長者為友，或選擇和其他資優生為友。

㈢**選擇孤獨**：有些資優生最終在班上成為獨行俠，獨自閱讀、研究和玩耍，有些固然能自得其樂，有些也因寂寞而痛苦不堪，不管在普通班或較年長的團體，他們都像是局外人。

美國學者Strop（1983）就曾研究過資優生最關心的問題（引自郭靜姿，2000），結果發現資優生最關心的是：⑴與人維持良好的關係；⑵對於別人所說、所做過分敏感；⑶不知如何選擇適合的生涯；⑷希望具有鬆弛與減除緊張的能力；⑸與兄弟姊妹和諧相處；⑹能有包容他人的能力；⑺克服完美主義的困擾；⑻避免厭煩枯燥的感覺。

這些問題即是資優生的各種特質與環境中的人事互動產生的結果，如果上述問題未解決，資優生可能會有下列問題產生，包括：⑴自我概念不健全；⑵情緒常處於不穩定的狀態；⑶同儕過度競爭；⑷手足競爭比較；⑸責任感過重；⑹人際能力不佳；⑺隱藏才能；⑻對學校課程興趣低落；⑼生涯抉擇困擾；⑽不滿現實。

過去有關資優學生情意適應的文獻中，就發現資優學生挫折的來源，常出自於身心發展的不平衡、過度激動特

質、人際差異知覺與自我認定困難，以及成人的過度期望壓力（Roedell, 1984）。郭靜姿（1984）即指出，資優學生的壓力來源包括：(1)學業失敗；(2)必須在無數的教育機會及就業機會中做選擇，有時候選擇的時機過早，超過他們的成熟度；(3)為了配合職業機會必須發展某些興趣，而這些未必是他們真正感興趣的；(4)抱負水準過高，超過了他們的能力；(5)心理的成熟過早，超過生理的成熟度；(6)父母、教師、同學給他們過多的壓力；(7)困惑於他人對他們比對其他同齡者有過高的期望水準；(8)對於學校的課程缺乏挑戰的興趣，尤其是小學的課程；(9)在同齡中找不到好朋友；(10)缺乏相關職業的資料；(11)缺乏成就的動機；(12)對於日常的工作及課業不耐煩；(13)思考及判斷獨立；(14)拒絕從眾；(15)過度敏感而易受傷害；(16)渴望勝過其他的完美論者；(17)熱愛真誠而反抗不平的社會；(18)各方面的能力不均衡；(19)生理及情緒的障礙。當資優生面臨這些壓力，能否有效控制壓力必成為輔導資優學生的重點。

因此由上述可知，資優生在其優異的認知特質和特殊的情意特性與環境互動下，會有特殊的適應與問題，身為教育輔導人員必須了解他們、協助他們，讓他們的這些問題由阻力化為助力，使得這群資優生能有健全發展，進而發揮並貢獻他們的才能。

貳、資優生的輔導

根據以上所述，可看出資優生輔導的重要性。即使在

校內有極佳表現與良好適應的他們，在內心世界可能會因對社會過於敏感、對目標的高要求而感無力、失望或沮喪，但卻不被大家所知，也因此需要更多的支持與輔導，尤其是滿足其情意上的需求。以下針對輔導工作的進行、情意輔導的必要性與作法、資優生的生涯輔導、輔導老師的角色與任務等部分，分別探討之。

一、輔導工作的進行

一般輔導的形式可分為團體輔導與個別輔導，團體輔導為開放式的，可針對團體成員的需要而安排主題引導其分享；個別輔導則針對個別學生的需要，且具某些急迫性而規劃安排之。

針對團體輔導的部分，舉凡自我覺知、壓力調適、時間管理、人際溝通等課程，都可透過團體輔導的方式進行，透過活動引導、經驗分享等方式進行。以壓力調適課程為例，其輔導重點包括（Silverman, 1993）：

㈠生理與心理反應的覺察：透過一些心理或生理的徵兆，讓學生注意並覺察到，亦可透過檢核表讓學生自我檢核。

㈡情緒的宣洩：了解學生情緒宣洩的管道，包括：說出壓力、寫出壓力、跑出壓力、喊出壓力、哭出壓力等方式宣洩，等冷靜下來，再重新檢視自己的行為與做法。

㈢放鬆技巧的學習：深呼吸、冥想、聽音樂等方法，都是在團體輔導時可以帶學生一起演練的；另外，現在常見的泡澡，也是紓解壓力很好的方法。

㈣問題的解決：幫助學生自己找出問題的癥結，才能

了解何事造成其壓力，是時間管理失當，所以事情總是做不完？還是外務太多，沒有時間做該做的事？未充分溝通，所以壓在心裡無法讓人了解等問題。總之，找出問題，才可對症下藥。

至於個別輔導部分，則根據學生的問題與其不同的特質，透過傾聽、接納、諮商、介入等不同方式，依程度輔導之。對隱藏型、刻意掩飾自己的資優生，應提供性別角色的楷模，建立對資優生的角色認同；對叛逆型的資優生，則更須同理、直接清楚的溝通（吳武典，2001）。此外，還有一些技巧需要把握（Silverman, 1993）：

1. 邀請學生分享個人的感受。
2. 積極的傾聽。
3. 引發學生更多的反應。
4. 對理解的內容再確認。
5. 鼓勵學生表達個人的情感。
6. 幫助學生確認優勢能力並讚美鼓勵之。
7. 提供支持但不偏頗的觀點。
8. 探索問題的積極面。
9. 澄清問題並分析之。
10. 幫助學生了解優先順序。
11. 提供新的看法。
12. 讓學生知道自己的矛盾。
13. 協助學生設定目標、探索、選擇。
14. 提供諮詢。

此外，對資優生而言，閱讀治療是不錯的選擇，利用適合孩子閱讀的書去幫助學生自我澄清並發現問題，除可

與學生建立良好的關係之外，也可潛移默化，修正學生不當的行為；且對學生而言，不但可以增廣見聞，也可以達到閱讀治療的效果。實施上，可在團體輔導或個別輔導時進行，團體輔導則根據主題引導閱讀，個別治療則根據學生的問題或困擾進行閱讀治療。

實施過程上，老師提供或介紹學生閱讀的書籍，其中選書是很關鍵的過程，一方面是能配合學生年齡、學生會感興趣的書籍，內容豐富多樣、主題明確、符合實際的內容；此外，要和學生的問題相關，且是優良讀物或很好的文學作品。等學生閱讀後，老師透過故事人物或內容，引導學生思考覺察，進而發現某些問題關鍵，亦可幫助學生自我探索、尋找共鳴。

二、情意輔導的必要性與做法

在談到資優生的輔導時，資優生的自殺問題常被提及，顯見眾人的關注。目前校園自殺的三級預防機制已建立，透過確認自殺的危險因子與降低之，預防其發生之一級預防；早期篩選發現高危險群，並早期介入的二級預防；到針對高危險群有效治療與復健，以避免惡化，使其及早恢復的三級預防（柯慧貞等，2002）。此時，亦需要輔導與特殊教育的密切配合才能順利進行。

多數人普遍認為資優生的憂鬱或自殺意念高於一般生的想法，從一些研究發現（Baker, 1995; Cross & Gust-Brey, 1999; Lester, 1991; Metha & McWhirter, 1997; Tomlinson-Keasey, Lynda, & Janet, 1986），這些觀念不見得是正確的。從一般造成憂鬱的因素判斷，其生活壓力不見得大於

一般人，但男女有其差別，女生比男生明顯的需要友伴，否則易顯憂鬱、低潮等情形而無人協助。比較值得重視的是，什麼原因造成優秀的資優者自殘或自殺，除了心理健康或家庭因素影響，負面的學習環境以致造成資優生的低成就，形成人才的浪費，甚至成為罪犯，將造成更嚴重的後果。因此，青少年自殺問題的預防需要透過輔導提早進行，而不能僅僅透過危機介入來事後補強，建立其正向的人生態度與應付壓力的能力與對策，將成為青少年心理健康工作中很重要的一環。

而為何資優生的自殺那麼受到大家的關注，且形成媒體的話題？根據以上的研究分析，並非資優學生的自殺率比一般人高，而是來自於大眾對資優生的重視與期待，繼而關心此項話題；畢竟，能力佳又聰明的資優生，未來前途應是一片光明，但卻走上自殺一途，這是多麼令人惋惜的。因此，情意輔導被認為是現在資優教育中很重要的一環，提供幾個重要的方向供參考（郭靜姿，2000; Delisle, 1986; Weisse, 1990）：

㈠**課程設計的納入**：設計資優學生的情意課程，並透過正式課程或融入其他課程實施之，相關的內容可包括：認識資優、積極的自我對話與自我概念、學習分享、主動傾聽、尊重與欣賞他人、人際關係技巧、情緒管理、善用幽默、壓力調適、利己與利他、生命教育等。

㈡**預防與補救性輔導的安排**：各校如能適當安排資優生的諮商與輔導，協助其加強社會適應，當有極多助益。尤其對於具有情緒統整失調或過度敏感、焦慮的學生，預防性的諮商更能防止嚴重行為問題的產生。亦可透過閱讀

治療幫助之。

㈢教學過程的結合：平日教學時，資優班教師如能多注意學生的需求，提供言語或行為的引導，當能協助學生建立正確的態度。並在教學時多花點時間在人生目標的指引、價值觀念的澄清、處世的方式，或針對資優生之特質與需求予以引導，都對資優生有莫大的助益。

㈣個案輔導資料的建立：對於情緒嚴重適應不良，甚至是已兼具情緒障礙的個案，校方應積極建立輔導資料；同時組成個案研討小組，加強個案研討，以給予學生必要的協助，適當化解危機。

㈤資優生輔導網路的建立：包括專業人員到校輔導、諮詢專線，以及各項社會單位的人力資源或相關資訊，如：張老師或生命線，使教師能夠適時、有效地運用資源，當能提供學生多元的輔導管道。

三、資優生的生涯輔導

資優生十分需要生涯輔導，其需要性甚至可能超越一般學生。生涯象徵在某個時段裡，個人活動的範圍以及對自己整個生活（包括時間）的安排，但國內對資優生的生涯教育做得並不完善，使這一關乎一生的重要事項因升學主義的影響而未能普遍在學校中推展，也使學生生涯發展上並未如想像中理想。而資優生也因其本身具有的特性，如：多方面的興趣與潛能、社會的期望與投資觀、缺乏適當的成人角色模範等，可能遭遇許多生涯決定與發展上的困境，如面臨抉擇時的高度焦慮、選擇範圍太窄難以做決定、延遲決定、經常更改決定、不易將興趣及能力與生涯

機會相連結、未能充分發揮潛能、對生活或工作不滿意等情形（林幸台，2002；盧台華，1989）。

當生涯輔導受到重視後，許多生涯輔導方案也陸續提出，以 Borman 等人所提出的三階段生涯輔導方案為例，首先以書面資料、演講、活動、測驗以及決策訓練等方法，讓學生認識自己，並縮小可能的生涯方向；其次是採一對一的方式，每天兩小時讓資優學生跟隨大學教授，參與其所主持的研究、教學或其他學術活動；第三階段則為實地工作見習，資優學生根據前兩階段的學習成果，選擇社區中某一單位作為進一步見習經驗的機會。Feldhusen 等人的三階段充實模式，則在第三階段以測驗、過去經驗的回顧、曾參與的活動等資料，了解個人興趣、能力與動機，幫助其生涯選擇（林幸台，2002）。而在資優生的生涯輔導上，有幾項重要的工作（陳智修，2002）：

㈠**幫助學生自我了解**：除引導學生了解自己的能力與興趣外，也幫助學生對自己性格的了解，以評估對某些職場工作的適切性。

㈡**提供重要的機會或資訊**：包括各種升學訊息或縮短修業年限的辦法，都應完整地提供給資優生，以幫助其了解大環境。

㈢**幫助學生澄清興趣所在**：資優生因興趣廣泛，應幫助其澄清自己的興趣，並列出優先順序，避免因興趣廣泛而延遲做決定，甚至因什麼都要而無法專精。

㈣**重新檢視自己、家人的期望**：家庭對資優生未來的生涯發展有極關鍵的影響，

㈤**鼓勵學生多元探索與體驗，並開拓生涯空間**：鼓勵

學生利用假期實際接觸，以了解未來職場的工作，避免因自己的想像而美化未來的世界。

㈥**重新檢視個人的價值觀與心理需求**：Colantgelo、Miller、Perrone 等多位學者認為價值與心理需求的探究，比能力興趣的探索更來得重要，透過價值分析與澄清，了解個人的生涯意義，進而確認自己的生涯目標（引自林幸台，2002）。

四、輔導老師的角色與任務

身為一個資優生的輔導老師，可從幾部分著手（Silverman, 1993）：

1. 幫助其了解自己的能力與優缺點。
2. 設計能激發其接受挑戰的計畫。
3. 幫助其在學術領域上能依其需要加速發展。
4. 幫助其了解校內外有的資源、機會與選擇。
5. 協助其探索生涯目標。
6. 提供情感的支持與個人衝突的諮詢。
7. 學生產生問題時適時與必要的介入。
8. 與父母、教師合作協助孩子。
9. 提供父母教育諮詢、親職教育。

此外，自我覺知、問題解決技巧、挫折容忍度的提升、溝通技巧、人際關係技巧、壓力調適、時間管理等能力的培養，也成為資優生輔導的重要課題，畢竟資優生並非全能，有些部分別人也可能比自己好，因此資優生必須學習如何正確地看待自己、自我期望，也學習要修正他人對自己的誤解。而在時間管理上，也要避免因興趣過於廣

泛或不懂拒絕，而承攬過多工作，造成自己生活失調，無法依其想法成就目標。

然而，目前針對資優生的輔導人員明顯不足，在專業上有受限於進修管道缺乏，使整個資優生輔導的機制未見完善，將成為行政單位應重視的問題。

參、結語

從資優生的情緒特質分析，其或許有優勢之處，但也可能是其弱點，要求完美、敏感、自我期許高等都是如此，也間接造成其在社會適應的困難，要幫助他們，家長與班級導師的重要性不可忽視。資優學生的教師除肩負「經師」的角色外，更須肩負「人師」及「良師」的角色，家長更是孩子最親近的人、孩子最佳的輔導者，兩者對學生的了解與觀察將可視為孩子各種反應的第一線覺察者，也可在第一時間提供孩子必要的關懷與協助。因此，更應鼓勵資優兒童家庭增加共聚、談心與感情交流的時間，並成立親職教育的成長團體，定期聚會，分享家庭生活與成功教養的經驗，避免因管教方式不當造成親子關係的緊張。

此外，EQ 比 IQ 更重要，因此資優生情意教育與情緒管理的課程更是勢在必行，包括情意教育與情緒管理課程的規劃、教學的配合、其他相關資料與支持系統的建立，都能幫助學生克服種種難關。而資優班教師對情意教育與情緒障礙學生輔導的訓練也須加強，才能有效地幫助學生，面對在時代快速變遷下的改變與調整。

參考書目

毛連塭（1978）。資優兒童的資優環境。載於教育部國教司編之資賦優異兒童教育研究實驗叢書第四輯（1-16頁）。教育部。

吳武典（2001）。資優學生的適應類型與心理輔導。測驗與輔導，*166*，3481-3484。

林幸台（2002）。資優學生的生涯輔導。學生輔導通訊，*69*，14-18。

柯慧貞、洪友雯、方格正、郭穎樺、陳仲鉉、劉怡汝（2002）。校園自殺的防制──三級預防模式。學生輔導通訊，*80*，96-111。

郭靜姿（1984）。資優學生的壓力與壓力調適。資優教育季刊，*12*，11-16。

郭靜姿（2000）。談資優學生的特殊適應問題與輔導。資優教育季刊，*75*，1-6。

陳智修（2002）。中學資優學生生涯發展之議題與輔導。資優教育季刊，*83*，21-27。

蔡秋桃（1984）。資優兒童的人格發展：對傑出性的追求。資優教育季刊，*12*，6-10。

盧台華（1989）。 資優生的生涯發展。資優教育季刊，*33*，1-7。

蕭芳玲（1993）。資優生學校適應與人際關係問題之初探。資優教育季刊，*47*，4-6。

Baker, J. A. (1995). Depression and suicidal ideation among academically gifted adolescents. *Gifted Child Quarterly, 39*(4), 218-223.

Clinkenbeard, P. R. (1991). Unfair expectations: A pilot study of middle school students' comparisons of gifted and regular classes. *Journal for the Education of the Gifted, 15*, 56-63.

Cross, T. L., & Gust-Brey, K. (1999). An examination of the literature base on the suicidal behaviors of gifted students. *Roeper Review, 22*(1), 28-35.

Delisle, J. R. (1986). Death with honors: Suicide among gifted adolescents. *Journal of Counseling and Development, 64*, 558-560.

Lester, D. (1991). Completed suicide in the gifted: A late comment on "suicide among gifted women". *Journal of Abnormal Psychology, 100*(4), 604-606.

Metha, A., & McWhirter, E. H. (1997). Suicide ideation, depression, and stressful life events among gifted adolescents. *Journal for the Education of the Gifted, 20*(3), 284-304.

Roedell, W. C. (1984). Vulnerabilities of highly gifted children. *Roeper Review, 6*, 127-130.

Tomlinson-Keasey, Lynda, W. W., & Janet, E. E. (1986). Suicide among gifted women: A prospective study. *Journal of Abnormal Psychology, 95*(2), 123-130.

Silverman, L. (1993). *Counseling the gifted and talented.* Denver: Love Publishing Company.

Weisse, D. E. (1990). Gifted adolescents and suicide. *The School Counselor, 37*, 351-358.

3

學習障礙兒童及青少年的輔導

王秋霜、蕭　文

近幾年來，由於學者、家長團體或政府相關單位的努力，「學習障礙」對大數的人而言不再是個陌生的名詞。根據研究，學習障礙的出現率大約 5%，因此在每個班級裡，總會有一、二位學習障礙的孩子。而學習障礙不只是影響學校課業的學習，還可能伴隨低自尊、成就動機低落或社交技巧缺陷，影響學校生活的適應情形或導致輟學，甚至阻礙未來就業和社會適應的發展。

　　但是，學習障礙若能獲得正確的了解與引導，幫助他們找到克服障礙的方法，也能發揮隱藏在其障礙下的天賦潛能，在各行各業裡綻放光芒。國內外即有許多成功的學習障礙名人，如前新加坡總理李光耀、美國影星湯姆克魯斯、國內的觀護人盧蘇偉等等。因此，透過關懷、了解、有效的教學和適當的安置輔導，才能找到開啟成功克服學習障礙的鑰匙。

　　本文即針對學習障礙的定義、特徵，以及一般人常見的誤解加以說明，並透過案例介紹，探討有效協助學習障礙兒童及青少年的輔導原則。

壹、何謂學習障礙

　　學習障礙（learning disabilities），一般人很容易就字詞的表面來了解，以為學習障礙就是學習上有困難、學習成績差、不專心，或是存有笨笨的、缺乏學習意願等負面印象；其實，造成學習障礙的相關因素極為複雜，加上每個學習障礙者的特徵不盡相同，無法僅就這些簡單的學習

表現就認定是否學習障礙。

根據教育部民國八十七年所頒布的「身心障礙及資賦優異學生鑑定原則鑑定基準」第十條的定義,所謂學習障礙是指「統稱因神經心理功能異常而顯現出注意、記憶、理解、表達、知覺或知覺動作協調等能力有顯著問題,以致在聽、說、讀、寫、算等學習上有顯著困難者;其困難並非因感官、智能、情緒等障礙因素或文化刺激不足、教學不當等環境因素所直接造成之結果」,並且明列了學習障礙的幾項鑑定原則如下:

1. 智力正常或正常程度以上。

2. 個人內在能力有顯著的差異。

3. 有顯著之學習困難。經評估後,確定普通教育之補救教學無顯著成效者。

4. 注意力、記憶力、聽覺理解、口語表達、基本閱讀技巧、閱讀理解、書寫、數學運算或推理能力有顯著困難者。

因此,學習障礙並不是因為笨或智能障礙、情緒或其他生理因素直接造成,一般來說,學習障礙的孩子是智力正常,但因為基因遺傳、發展階段的腦部病變等等原因,造成中樞神經的某種學習功能失調,導致他們在不同方面的學習遭遇一項或多項的困難,並呈現顯著的內在差異。所謂「內在差異」,可以從兩方面來定義:一是可能的潛在能力與其實際表現的差距過大,例如,智力和學業成就差異懸殊;一種是不同能力表現的程度達到顯著差異,例如,上了國中,國文方面能讀會寫,但數學卻還停留在加減法的運算。

貳、學習障礙的特徵與鑑定

因為學習障礙是個異質性很高的障礙類別，每一個學習障礙孩子的學習及行為特徵都是獨特的，幾乎沒有兩個人會表現出一模一樣的行為，所以，除了以上定義及鑑定原則裡所提到的共同特徵，學習障礙的兒童或青少年在行為上，也可能出現下列一種或一種以上不同類型的特徵：

㈠**動作異常**：肌肉的協調性不佳、動作多而不能持久靜坐，或活動過少而久坐不動、固著而無法適時地轉移應注意的焦點等。

㈡**注意及專注困難**：包括過動、注意力短暫容易被周圍事物吸引、未集中注意力於應專注的目標、注意廣度不足等。

㈢**訊息處理異常**：接收、保留、儲存、組織及檢索資訊等訊息處理及思考過程有困難，例如，常見有些學障孩子有「學得慢忘得快」的現象。

㈣**知覺作用異常**：無法有效接收或理解視聽覺刺激，如無法注意別人說話、常需要求複述、閱讀時易混淆文字或符號（如ㄅ→ㄉ，p→q），或有書寫、表達方面的困難等。

㈤**空間或時間定向能力不足**：如容易迷路、時間概念差容易遲到，或混淆、無法正確判斷大小、遠近、輕重或方向等。

㈥**因學習障礙而引起的情緒失常**：可能因屢遭挫折而

容易暴躁、情緒不穩定、緊張焦慮、容易放棄或過度缺乏自信、有攻擊傾向等。

(七)**因學習障礙所導致的社會適應行為問題**：例如過度依賴大人、畏縮、人際關係不良、缺乏學習意願、常缺交或隨便地完成作業、沒有責任感、反抗或挑戰權威等。

學校老師或家長往往是最早發現孩子有學習困難的人，當發現孩子可能有上述的特徵，或可能符合定義及鑑定原則的描述，應盡早轉介給特教老師或專業人員接受鑑定，但要留意這些行為特徵是否只出現在某些特定情境或時間；而上述這些行為也不完全是造成學習障礙的直接原因，可能是彼此相互影響而出現的結果，欲進一步判斷是否確實有學習障礙，仍應尋求學校或醫院的協助。

由於醫院裡的鑑定主要是依據 DSM-IV 所列的診斷標準，加上目前學習障礙的鑑定結果也不具備申請身心障礙手冊的資格，僅作為接受特殊教育服務的依據，因此，學校仍是提供學習障礙鑑定服務的主要單位。一般來說，為了提高鑑定工作的效率，輔導室會先請老師或家長填寫檢核表，澄清造成學習困難的原因，排除智能障礙、缺乏學習動機、情緒問題或學習不利等造成學習低成就的因素，並了解一般教育是否對個案無效。在確定學習困難不是上述因素造成的之後，再由接受過專業心理評量訓練的學校老師或相關人員，利用智力測驗等相關測驗工具做更完備的鑑定與診斷。

參、對學習障礙的誤解

正確的了解才能提供有效的幫助，但是，常見一般人仍對學習障礙的定義或特質有所誤解。茲列述如下，以進一步釐清這些錯誤觀念：

一、學習障礙就是「閱讀障礙」或「書寫障礙」

我們常聽到閱讀障礙或書寫障礙等名詞，有些人即根據閱讀或書寫的情形判斷是否有學習障礙，事實上，學習障礙的異質性很大，每個人的學習特性也不同，不見得都會有閱讀理解或認字困難、跳行或書寫的字體左右相反等現象。例如，非語言型的學習障礙，往往是表現在各種認知能力的運作過程，無法明顯地從學習行為觀察出來。另外參考 DSM-IV 的定義，其中也具體地將學習障礙分為閱讀、數學、文字表達及其他未註明等四大類，所以，學習障礙並不等於「閱讀障礙」或「書寫障礙」。

二、學習障礙是「缺乏學習動機」或「學習低成就」

學習障礙學生常易和低成就或學習動機不佳的學生混淆不清，因為學習障礙學生常常學業成就低落（比其就讀年級低落兩個年級以上），而且對學習沒有自信心和興趣（洪儷瑜，1995）。

但是，學習障礙孩子在接收、處理與儲存訊息以及表達或聽說讀寫算等方面常有困難，而學習低成就的孩子則

38

不多見。此外，學習障礙的孩子也常見有思考衝動，作答時常還沒完全理解題目便作答，導致錯誤，或者有注意力缺陷，無法持續或正確地專注在學習的事物上，種種的學習困難和低成就，常使他們對學習感到挫折和無能為力，因而導致缺乏學習目標和動機。

三、學習障礙是「可以矯治」的

目前國中小階段的學校大多設有資源教室，常見有些家長或老師以為學生進了資源教室，便能有效改善或矯正其學習現況，而抱持著相當大的期待，但學習障礙的事實不會經過補救教學就消失，因而成績一定突飛猛進，或者透過其他醫療方式（如感覺統合訓練）就能「痊癒」。或許，有些專心注意或過動的問題可以透過藥物獲得改善，然而學習障礙是伴隨終生的障礙，唯有透過了解和接納，提供適當的教育策略，找到因應學習困難的方式或發掘其他方面的潛能，才能確實幫助學習障礙的孩子們找到邁向成功的道路。

四、學習障礙會「導致」犯罪或不良行為

近年來，因媒體追溯重大社會案件的主角，其求學過程中有學習障礙的現象，因此有人會過度推論學習障礙和犯罪行為的因果關係，但是這樣的說法並不正確，因為學習障礙並不會直接導致犯罪或是反社會行為，而是如果學習障礙的孩子在求學階段時不斷地遇到學習上的挫折，加上沒有得到家人或師長朋友的支持、學校的協助，以及適時的輔導，才可能因為不被了解、尊重和接納，而衍生出

憤怒或攻擊等情緒行為，以及其他社會適應的問題。

肆、學習障礙案例探討

一、案例介紹

　　阿凱是國中一年級的男生，在他的學習紀錄裡，阿凱的學習情況很差，不僅上課容易分心，也常缺交作業，考試成績更常排在班上最後幾名。國小的老師曾懷疑他是智能障礙，但經過診斷的結果，他的智力正常，但有學習障礙，於是從國小五年級開始，就進入資源教室接受補救教學。

　　在學校裡，阿凱的人際關係並不好，不擅長察言觀色的他，常常和同學起了口角衝突而聲淚俱下，但個性好強不服輸的他，常會繼續和對方辯駁，直到老師制止才肯罷休。久而久之，同學總愛玩弄他，或故意以「資源回收班」的稱呼激怒他，老師雖極力地禁止同學這樣的行為，但長期下來，也開始對阿凱和同學的屢勸不聽感到無力。除此之外，他最讓老師頭痛的是，直到現在上課時身體還是會常動來動去，或者雙手在課桌下敲打桌椅或玩弄物品，因此發出聲音干擾了上課，是許多老師眼中的頭痛人物。媽媽聽了太多老師們對阿凱的評語，也心想阿凱根本不是讀書的料，對他並不抱太大的期望，只希望他能多學些算術和國字，國中畢業能留在家裡幫忙生意就好。

　　當他來到資源教室，教導他一陣子之後，老師發現他

不擅長背誦和書寫表達，對於文字密密麻麻的國文課文和抄抄寫寫的作業很沒興趣。上課講解時，仍常會做些敲敲打打的小動作，因此把他的座位排在最旁邊，允許他真的忍不住時，只要可以不發出聲音，就能稍微動動身體或手指，或者不定時地要他回答問題，干擾上課的情形因而漸有改善。此外，觀察他上課時的理解反應其實不錯，隨機問他上課教學內容的問題，往往是最能正確回答的一位；做數學練習時，常常也能一反平時不專心的態度，專注而投入地做題目，甚至自行使用不同的列式方法求出答案，因此常獲得老師的鼓勵和獎賞。由於在資源教室的課後作業量比在原班教室少，阿凱也大多能完成，常常在上課之前就急著要先交給老師批改。

放學後的他，常跑到後校園的大樹下觀察來來去去的鳥兒，或回家忙著整理鴿舍、到住家附近釣魚。聽他侃侃而談樹下觀察的心得和放學後的趣事，以及對如何釘補鴿舍和照顧鴿子等細節的詳盡描述，那種眉飛色舞又頗為專業的神情，實在令人難忘，一點也不像別人口中描述的那位「憨慢」又「笨」的孩子。

二、案例討論與省思：給學習障礙孩子特殊教育就夠了嗎?

這幾年來，學習障礙的鑑定和教育工作較為完善，像阿凱這樣的孩子，才不至於淪為普通班級裡的「伴讀花瓶」或「教室裡的客人」，而能獲得特殊教育的服務。在文中所提到的「資源教室」，目前大多數的國中小均有設置，這種教育安置方式，可提供學習障礙兒童及青少年課

業方面的支持服務或補救教學。學生大部分的時間都留在普通班，只有部分時間在資源教室接受特殊教育，因此絕大部分的教學責任仍在普通班教師身上。資源教師則是除了依其學習特性，提供特殊的教材教法和生活上的輔導之外，還要配合學生的需求，與普通班級的教師或行政人員溝通，例如調整位置、作業份量或考試的評量方式等等；並邀請家長了解以及參與個別化教學計畫的設計，使家長和教師們均有機會充分地了解學習障礙兒童及青少年的需求。

然而，國內對於國中小階段學習障礙兒童及青少年的服務，主要仍把焦點放在特殊教育的安置與補救教學方面，雖然能提醒家長和老師注意到孩子的困難，但許多家長和老師也對學習障礙的認識不夠；加上學習障礙是隱性的障礙，外表看起來和一般人一樣，因此仍舊被質疑其學習障礙特質的真實性，責備他們在課業上的落後表現，或充滿「看起來就很聰明，到底是哪裡出了問題」的疑問，甚至對他們抱持著失望或沒有期待的態度。有些家長和教師們則以為只要孩子接受補救教學，就獲得了充分的協助，可以改善學習障礙，面對孩子在資源教室和普通教室裡學習情況的差異，也只表示束手無策或以「不願非不能」的理由，更加嚴厲地要求他們。

此外，有些學習障礙兒童及青少年的家長不認為他們的孩子有學習障礙，怕學校和老師會因此歧視這些孩子。像案例中的阿凱，因為特殊教育的標記作用，而遭受到同學的嘲笑和排斥，這種社會、心理與情緒層面的壓力，可能還勝過學習障礙所直接帶來的學習困擾，卻往往也很容

易受到忽略。尤其我們的社會一向極為重視學業上的成就，過度重視學業成績的結果，不僅家長、老師們以學業成績評價孩子，甚至學習障礙的兒童或青少年也會以學業的表現來評價自己。這樣只看見「不足」，而沒有看到孩子優點的態度，也會使得學習障礙的兒童或青少年，在充滿挫折的環境下成長，缺乏自信和健康的自我概念。

因此，對於學習障礙兒童及青少年來說，來自社會的誤解，往往才是妨害他們學習及成長過程的最大阻礙。特殊教育的老師不僅要能提供課業方面的補救教學服務，也要負起協助家長和全校師生認識學習障礙的責任；但是，如果家長和教師們也能對孩子學習障礙的本質充分了解，一起用正確、健康的觀念面對孩子，才能真正全面地營造一個有效協助他們快樂學習、發揮潛能的環境。

伍、學習障礙兒童及青少年的輔導原則

欲有效協助學習障礙的兒童及青少年，不應只強調學業上的補救教學，以下即針對家長或一般教師，提供教學及課業指導以外，能夠有效協助學習障礙兒童及青少年的四點建議：

一、改變態度，了解與接納他們的需要

父母、師長和同學的態度、期待或行為，往往會對學習障礙兒童及青少年有極大的影響。根據國外學者長期對學習障礙成人的研究，發現促使學習障礙者成功的三大要

素為：(1)早年曾受到某人很大的支持和鼓勵；(2)找到獲致成功的領域；(3)成功的學障成人通常有幫助他人的特質（呂偉白，2001）。因此要有效協助學障孩子，家長和教師應發揮親師合作的精神，創造了解與接納的學習與成長環境，讓孩子獲得充分的支持和鼓勵，也學習了解自己的長處和能力。

二、建立良好的人際關係

人無法離群索居，社會關係的重要性自然毋須強調。Schloss 和 Smith（1998）指出，建立良好的師生關係和同儕關係，不僅能減少學習問題，也能減少行為問題（引自鈕文英，2001）。有些學習障礙的孩子拙於社交互動，或者不擅觀察和表達情緒，常因此造成人際方面的困擾，父母或師長可以指導學習障礙孩子適當的社交技巧，或提供合作學習的機會，讓其他孩子能了解學習障礙孩子的優點和需要，幫助學習障礙孩子結交朋友，建立良好的人際關係。

三、不吝給予鼓勵和讚美

溫暖和接納的學習氣氛，可以幫助學習障礙孩子減少學習的挫折感，並建立學習的機會和信心，因此，面對學習障礙的孩子，請先穩住自己的情緒，耐心地指導他們。另外，多注意孩子的優點和長處、肯定他們的努力，當他們有進步時，也應即時給予適當的獎勵或口頭上的讚賞，避免以父母師長設定的標準為目標，讓孩子能有各種學習和嘗試的機會，面對環境也更有探索的意願和自信。

四、給予自主學習的空間

不要給學習障礙孩子過度的課業壓力，在生活中給他們適當的選擇和做決定的機會，例如考試目標、生活作息的安排等；當他們對自己的生活有較大的掌控權，可以讓他們學習對自己的行為後果負責，以及找到自己的興趣和能滿足需求的方式，也減少情緒上的壓抑和不適當的行為。

陸、結語

雖然在鑑定學習障礙的過程，必須排除情緒及適應問題所造成學習上的困難，但學習障礙卻極有可能導致情緒心理及社會適應的困擾，而這些困擾的主因則來自於他人的不了解或社會環境、文化的限制，尤其是家長、教師和同儕等面對學習障礙者的態度，極為重要。然而以上四點輔導原則，僅站在預防的角度，提供減少問題出現的策略，有關學習障礙孩子的特殊學習問題，目前各縣市政府均有資源中心，提供特殊教育教材或設備，而三所師大及各地區的師範院校、學習障礙團體，也都提供諮詢服務。當家長或教師們在教導學習障礙兒童及青少年時，若遇上任何的困難或問題，都可透過諮詢專線，向以上這些單位求助。

學習障礙團體資訊站

北區

宜蘭縣學習障礙者發展協會（03）957-5124

台北市學習障礙者家長協會（02）2709-9796

台北縣學習障礙籌備會——雷純純（02）2642-9519

桃園縣學習障礙協會（03）3697526

新竹市學習障礙教育協進會（03）516-5456

中區

中華民國學習障礙協會劃撥帳號：22287630

南區

高雄市學習障礙教育協進會（07）229-7018

參考文獻

王瓊珠（2002）。學習障礙：家長與教師手冊。台北：心理。

民國 93 年 7 月 30 日取自洪儷瑜 個人網站 http://spec2.ckjhs. tyc.edu.tw/hung/hung/main.htm

呂偉白（2001）。和學習障礙打一場美好的勝仗。台中：學習障礙資訊站。

洪儷瑜（1995）。如何發現及協助特殊學生，學習障礙學生的教育與輔導。90-99，國立台灣師範大學特殊教育中心編。

許天威（1986）。學習障礙者之教育。台北：五南。

鈕文英（2001）。身心障礙者行為問題處理：正向行為支持取向。台北：心理。

注意力缺陷／過動症的成因與治療

王志寰、梁淑慧、鍾思嘉

壹、什麼是注意力缺陷／過動症

注意力缺陷／過動症（Attention Deficit/Hyperactivity Disorder, ADHD）也就是俗稱的「過動症」或「過動兒」，根據美國精神醫學學會出版的《精神疾患診斷與統計手冊第四版》（DSM-Ⅳ），注意力缺陷／過動症的診斷症狀有三：注意力不集中、活動量大及行為衝動。茲分述如下：

一、注意力不集中

ADHD 的兒童無法集中注意力去完成一件工作或遊戲，只要外界出現聲音或其他刺激，注意力馬上就會轉移。與ADHD的兒童面對面說話時，常讓人覺得「他好像沒有在聽你說話」。雖然他們也可以與同年齡的小朋友一起玩，但是遊戲的類型大多偏向動態活動，而且常會干擾他人，使得遊戲沒有辦法繼續，至於靜態的遊戲更是難以完成。ADHD的兒童在做功課或遊戲時，比較不能注意到細節，常因粗心大意而犯錯，而且很難從頭到尾徹底將一件事完成；對於需要長期集中精神的事情，例如做作業，父母經常發現這些孩子很難做完作業，他們傾向逃避、拒絕去做，或才做沒多久就受到干擾，不是突然發呆，就是分心或出現其他干擾的肢體活動。此外，工作或活動所需的東西，他們會不知道放在哪裡，甚至連每天例行的事務也會忘記。

二、活動量大

ADHD兒童的活動情形分為兩類：一種單純是注意力缺陷（Attention Deficit Disorder, ADD），這類學生在學校經常出現的活動是「分心」，他們能好好地坐在位子上，也很少扭動不安，但老師經常會覺得他們「心不在焉」、「經常發呆」或「愛做白日夢」，他們可能因為一片雲從窗外飄過，就潛入自己的異想世界中。

另一種則合併過動（ADHD），這些孩子在學齡前，大部分的人對他們的評語多是「活潑好動」、「調皮搗蛋」、「容易分心」。常常可以看到的是，他們沒辦法好好坐在椅子上，不是動手動腳、扭動身體，就是坐立不安，上課時常會離開座位，跑來跑去、跳上跳下，沒有辦法靜下來，也不能從事靜態的活動。有些孩子在較激動時的情緒表現相當明顯，例如，在生氣或笑的時候，經常會有停不下來的情形。有些ADHD兒童則會有多話的表現，甚至可能表現出無意義的自言自語，或突然脫口而出奇怪的聲音或語句。

三、行為衝動

衝動是ADHD兒童常出現的狀況之一，這樣的衝動性比較容易在三個生活層面看出來：⑴說話：他們在學校經常表現出在還未聽完問題時就搶著回答，時常打斷別人的談話或活動，或在不該說話時大聲表達；⑵行動控制：這些孩子無法乖乖地排隊等候、會突然出手碰觸別人，並在未經他人同意前，擅自拿取他人的物品，甚至不管是否危

險，只要他們想做就會去做；(3)生活常規：生活常規維持相當困難，不論父母或教師講過幾次，甚至曾經給予懲罰，這些孩子經常會一犯再犯。例如，叫他們不可以隨便吐口水，可能從幼稚園約束到國小高年級，孩子只是隨年齡增長在頻率上減少，但卻無法完全抑制。

　　然而，並不是每一位 ADHD 兒童都有以上所有症狀。有些孩子的表現以注意力不集中為主，有些則以活動量大及行為衝動為主，有些則是同時合併以上三種症狀。這些症狀在七歲之前就已經存在，並且會對學業、工作及人際關係造成不良的影響。

貳、注意力缺陷／過動症的成因

　　ADHD 可能的原因很多，一般認為，包括懷孕期間的因素、環境及發展過程的因素及腦神經異常等，當然也有可能是多種因素相互作用的結果，因此，父母或教師不需刻意花費金錢和時間進行核磁共振或腦斷層掃瞄。目前 ADHD 的診斷主要是精神科醫師經由病史、臨床表徵及行為表現來判定，當然還可輔以神經心理檢驗、兒童活動量表及智能評估等心理衡鑑的工具；同時，來自父母、教師及主要照顧者的評估資料也是相當重要的訊息。關於 ADHD 可能成因分析，參見圖 4-1。

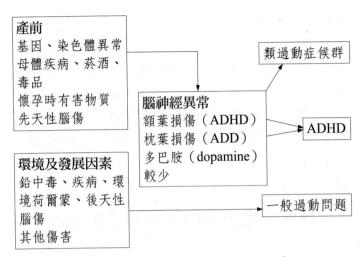

圖 4-1　ADHD 可能成因分析（宋維村，1996）

參、ADHD 如果不治療，長大會不會好？

　　根據國外研究結果，ADHD 兒童成長至青少年後，好動的情形會逐漸改善，這種自然緩解的現象多發生在十二至二十歲之間。三分之一的 ADHD 兒童在長大後可恢復成與正常人沒有兩樣；而有三分之一的 ADHD 兒童雖然好動的現象消失，但是注意力不集中及衝動的症狀仍然存在；最後三分之一的兒童則因無法適應學校及家庭，而淪為不良少年或發展出反社會行為、情緒障礙或藥物濫用等問題。這些兒童如果沒有接受治療或特別的處理，會因為他們的注意力不集中、活動量大、行為衝動等特質，使得在成長過程中，容易造成課業學習或人際關係等問題。這些

問題包括：(1)課業學習及表現不理想；(2)人際關係不好，易受同輩排擠；(3)時常遭到父母或老師責罵，缺乏自信；(4)合併續發的親子關係、學校和社會適應不良、學習障礙及情緒問題。為了防範日後問題變本加厲，嚴重的ADHD兒童在早期利用藥物進行症狀治療是很重要的；若再配合相關的行為、環境及心理治療，會使得藥物的療效及行為的改善更加長遠與穩定。

肆、注意力缺陷／過動症的治療

　　對於出現上述三種症狀的兒童，並且造成父母親照顧困難，以及兒童在學習上的障礙時，最好能夠帶到兒童青少年精神科門診加以評估。如果確定符合 ADHD 的診斷時，一般的治療可以分成幾個層面。在討論處理方式之前，父母親必須先了解到，孩子表現出的這些行為並非因為故意、品行差或不聽話，也並不完全是父母當中某一方的管教不當，或過度寵愛所造成。雖然病因的說法不一，但總括起來，還是與其先天與後天的身體因素有關。因此，父母親互相埋怨、指責並無法解決問題，而是要接受這個兒童在先天上就是屬於這種體質，表現出的行為大部分是由於他們體質上無法改變的因素造成。在這樣的基礎上，需要父母、師長與孩子一起努力，共同針對問題加以解決。

　　一般的治療方式可分為五大類：藥物治療、行為治療、課業輔導方式、日常生活安排，以及感覺統合治療。

茲分述如下：

一、藥物治療

　　藥物治療是 ADHD 最主要的治療方式，特別是用在學齡兒童本身症狀已嚴重妨礙到學習、人際關係及人格發展時。學齡前兒童因環境要求較少，除非症狀特別嚴重，大多不會使用藥物治療。有些中樞神經興奮劑，如 methylphenidate（ritaline）、dextroamphetamine（dexedrine）、pemoline（cylert），對 ADHD 的症狀有治療的效果。其中 ritaline 對約四分之三的病童有效。ritaline 是一種短效性的藥物，體內代謝時間約一至二小時，服藥的主要目的在使兒童於學校時能夠靜下來，不要因此而減少了學習的機會。其副作用很少，大多是輕度的頭痛、腸胃不舒服、胃口降低、噁心、體重減輕及失眠等。這些中樞神經興奮劑屬於症狀治療，需要長期服用；但考慮到藥物本身可能會降低食慾、影響生長，因此在臨床上會採用「藥物假期」的方式，亦即在週一至週五服藥，週末或寒暑假及不需上課期間則暫停使用，使得他們的胃口能夠恢復，生長迅速趕上，而不會有生長遲滯的情形發生；同時，也可觀察在沒有藥物影響下的活動量與專注情況，作為調整藥物的參考。藥物大多在早上和中午服用，避免影響夜間睡眠。雖然藥物屬於中樞神經興奮劑，但並不會產生上癮的症狀，因此父母親無需過度擔心。另外，有些抗憂鬱劑、抗驚厥劑對治療 ADHD 也有效果。至於何種藥物對孩子較有效，其副作用的影響程度如何，則需家長與醫師相互配合，才能有較好的效果。

二、行為治療

　　由於ADHD兒童在行為上經常出現不良適應行為、無法維持常規或行為表現水準等問題，因此，行為治療最主要的目的在矯正不良行為，它必須是有系統且態度一致的；且因ADHD兒童無法延宕其滿足，因此透過增強物的安排，可以達到行為矯正及培養延宕滿足能力的目標，這樣的治療可以在家庭及學校進行。由於這些孩子的理解力相當有限，而且控制力較薄弱，因此若透過說教的方式，希望能夠講一次就改正，是不太可能辦到的；只有讓他一而再、再而三地經驗到行為的後果，他才會選擇什麼行為該繼續，什麼行為則該停止。行為治療的一般程序如下：

　　㈠**具體列出需要矯正的問題行為**：ADHD孩子出現的問題行為一般不會只有一項，但父母和老師不能期待畢其功於一役，因此，必須先靜下來想、仔細觀察及歸納，並寫下孩子的行為特性為何？是衝動？活動量過多？還是注意力不集中？是情緒不穩定？人際關係障礙？生活習慣不良？還是對刺激太過敏感？這些特性造成孩子在日常生活中表現哪些不良行為？列出問題行為時，盡量不要用含糊籠統的形容詞，最好確實記錄行為發生的地點、時間、次數、情況等；並且，列出這些不良行為使得孩子在環境適應上產生哪些障礙？帶給家庭的影響及壓力為何？父母親在孩子出現這些行為時，通常會有什麼反應？因為孩子有許多行為是為了逃避責罵，或是為了得到注意等好處才產生。

　　㈡**列出行為處理的先後順序**：在上述記錄的許多問題

56

中，選出對目前生活影響最大、最容易辦到的行為來處理，避免有過度野心，希望能夠同時處理所有的問題，有時反而無法得到好效果。

㈡擬定行為對策：主要希望讓孩子藉由重複體驗行為的後果，選擇保存好的行為，停止不良的行為。可以採用的方法包括：

1.「關注」與「忽視」交互使用：在一般的情形下，都是孩子出現不良行為時，父母親會特別注意他們，但是對於好的行為出現時，反而放心、少去注意。因此在不知不覺中，間接鼓勵孩子利用一些不良行為引起父母的注意。所以，父母可以採取的方式為，當孩子出現不良行為時，離開他，盡可能不去注意或滿足他的要求，甚至轉而照顧其他孩子；反之，當孩子出現好行為時，則適度地注意及給予鼓勵讚美。

2.處罰的運用及計時法：讓孩子為自己不好的行為付出代價，例如減少遊戲時間、罰站、關禁閉等。舉例而言，當ADHD的孩子出現抓別人頭髮的行為時，規定他要罰站五分鐘。剛開始施行時，為了避免因過度頻繁的罰站，造成孩子的挫折感與不合作，因此可在一開始犯錯的時候，先給孩子改正的機會，利用計數的方式，以堅定的語氣大聲地說：「我從一數到十，如果不放手，馬上到牆邊罰站五分鐘。一、二、三……」當孩子修正他的行為時，就馬上停止計數。

3.計分制度：這是有系統地矯正孩子的行為，可視孩子年齡不同，採用不同的方式。首先，父母先列出兩張表，一張說明父母希望孩子每天、每星期需要做到的工作

或責任，每天最好不要超過五項，視孩子年齡及症狀嚴重程度酌情調整。另一張記錄父母認為孩子最希望得到的獎勵是什麼。當孩子做到父母要求的行為時，馬上在表上做紀錄。對一個五、六歲小孩來說，可用圓圈圈或貼紙來記錄，至於十、十一歲的兒童則可用分數或正字來計數。舉例來說，當孩子自己將書包收好可以得到一張貼紙，把房間收拾乾淨可以得到兩分等；如果孩子沒有做到的話，可以考慮扣相同的分數。當累積到一定分數時，就給予孩子希望的獎勵。獎勵可以事先訂好，多少貼紙或多少分換什麼獎品等，父母教師應注意，這些孩子在剛開始進入行為治療時會比較不適應，而出現較多違犯行為，應適時給予忽略，並在正向行為出現時給予立即鼓勵，這樣能逐漸引導他們進入行為矯治的計畫中。要注意的是，剛開始進行計分制度時，累積分數不要一次要求太多，否則父母與孩子都沒有成就感，常會提早放棄而功虧一簣。當孩子做得特別好的時候，也可以給予特別加分作為鼓勵。

4. 成人的態度必須一致：執行這些行為治療時，最重要的是全家人態度、行為一致。事先經過大家的討論與決議，認清行為的嚴重性，共同商討對策，共同執行。若有人嚴格有人放鬆，效果大多不彰。

5. 行為類化至生活：當這些行為矯正有進步後，可逐步將場所擴展到家庭以外，常發生這些問題行為的公共場所，使用相似的方式列出期望、獎勵及未達成時的處置方法。通常，一般的父母基於「面子」問題，很難在大庭廣眾之下進行行為矯治。雖然說這樣的做法確實讓一些父母覺得難為情，但是若能因此矯正孩子的行為，相信必能減

少孩子因不良行為造成的失禮與難堪。

6. 定期評估並修訂策略：由於問題行為有輕重緩急之分，每個階段的孩子也各有其重要的學習課題，所以需定期評估目前的做法成效如何？是否需要調整？隨時發現問題，隨時修改。大部分的問題行為都是日積月累造成的，絕對不是一、兩天的治療就能解決，因此，對於行為治療最重要的原則就是堅持到底，千萬不可因為一時的挫敗而放棄；家人的態度一致也很重要，否則孩子會鑽漏洞，難以堅持。此外，有時也要跳開孩子本身的問題，看看這些問題行為的背後是否有其他影響因素，使孩子不得不表現這樣的行為？例如父母親的教養態度、親子關係、學校壓力等，都是必須先解決的因素，如此一來，問題行為才可能真正得到改正。

三、課業輔導方式

㈠ **選擇適合的學校**：這些孩子有時需要成人的注意，其行為約束能力會較好，因此盡量選擇班級人數較少的幼稚園或小學，否則因為老師必須兼顧到大多數孩子的狀況，比較無法容忍及照顧到 ADHD 兒童的特殊行為。此外，混齡教學、較有機會跟體力較好的大哥哥大姊姊運動，也能紓解他們的活動量，對課堂適應也有幫助。

㈡ **分段學習**：由於注意力有限，因此學習或做功課時間不要太長，盡可能分為小段落，依據孩子專注程度做調整，十至十五分鐘就休息一下，或者改做其他活動，然後再逐漸延長時間。當然，孩子達成後配合適度的增強，能更有效調整其學習行為。

59

㈢**學習環境的安排**：學習環境盡量單純、安靜、減少外界刺激。做功課的房間設備最好布置簡單，將玩具拿開，桌上除了書本、文具外，不放任何東西，同時將門窗關著，以免因窗外景物而分心。

㈣**上課時間安排**：上課時最好讓ADHD兒童坐在老師容易注意到的地方，並且請老師十幾分鐘就讓他幫忙擦黑板、發簿子等，以減少ADHD兒童因無法靜坐而拉扯前座同學的頭髮，或踢鄰座同學的椅子等行為。如果ADHD兒童做得不錯，老師適時的鼓勵誇獎，也可以加強他的自尊心。

㈤**家庭教育**：對一個學校功課表現不良的ADHD兒童來說，家庭是安排補充教育最好的地方，以更具彈性、耐心的方法，達成教育的目的。對於因過動導致成績不好的兒童，要適時提醒及督促學習，同時不要只限於紙筆書寫的教學方式。先了解ADHD兒童能力不足的地方在哪裡，父母再自行設計變通的方式，加強他們學習欠佳的部分。例如，對一個閱讀障礙的孩子，可以利用每天定時說故事的方法，鼓勵他們練習說話和遣詞用句；以拼地圖的方法認識國家地理；透過玩大富翁遊戲，練習孩子的數學計算能力。不要將學校表現不佳的問題帶回家，成為家庭問題，而對ADHD兒童施以處罰，這樣一來，除了徒增家庭壓力、降低孩子信心之外，對學習的效果沒有多大幫助。

㈥**補救教學**：如果發現孩子有學習上的障礙，可在放學後請一位個別指導的家教，給予良性補習，盡量不要讓孩子的學習脫離學校進度過多；另一方面，也可減少父母督促孩子課業帶來的壓力與不當的情緒反應。

四、日常生活安排

㈠**活動安排**：把握在遊戲中學習的原則，例如，出外旅行時，避免因旅途遙遠，導致ADHD兒童無法忍受，因此可播放兒歌或童話故事錄音帶，或在車上說故事唱歌等。晴天時多做戶外活動，如打球、溜冰、騎腳踏車等；雨天則在家中做安全性高的遊戲，如堆積木、傳接球等。要避免安排需要非常專心的靜態活動，如彈鋼琴、書法。有些家長認為孩子太好動，特意安排靜態活動，期望能夠以靜制動，矯正過動本性，殊不知因孩子本身活動量大、不專心，根本無法完成，反而增加了父母及孩子的挫敗感。另外，還有一些活動，如柔道、跆拳道等，因為考慮到孩子衝動的特質，以及可能會造成的傷害，所以也不適合讓ADHD兒童進行。

㈡**語言態度方面**：在日常生活中，多要求ADHD兒童做事，以發洩他們好動的本性。言語用詞盡量心平氣和，以緩慢的說話速度，一次只吩咐一件事，以免他們分心或忘記。對於交代ADHD兒童去做的事情，最好重複提醒，否則會因他們易分心的特性而經常忘記去做。但是要切記的是，不要過度嘮叨，一再對他們數落過去的不良事蹟，進而造成孩子的反感。如果孩子做好或完成一件事時，記得不要吝惜給予一、兩句讚美。

㈢**朋友選擇**：維持ADHD兒童的規律生活，替他尋找活動量不高的朋友，最好一次只跟兩、三個人玩，以免加強了ADHD兒童過動及衝動的行為。

㈣**注意環境安全**：由於ADHD兒童衝動且不考慮危

險，所以家裡的布置必須避免易碎品或危險物品；玩具也要考慮安全性，避免發生意外。另外，也要經常注意戶外活動空間的安全性。

五、感覺統合治療

感覺統合治療最早是由美國加州一位臨床心理治療師 Jean Ayres 所提出的，她認為大多數 ADHD 兒童都是因為感覺統合能力太差，無法適當地整合腦中各種混亂的訊息，因此才會一再受外界刺激所吸引，無法持續專注在固定事物上。所以，感覺統合治療是鼓勵兒童從事與刺激神經元連結有關的活動，進而幫助他們學習組織大腦功能，這些活動包括俯臥滑行、玩沙、草地打滾等。有關這方面專業的治療訊息可洽台北市永春文教基金會（02-23123283, 23759289）。（http://www.everspringo.arg.tw）

伍、父母和老師應抱持的態度

一、接納孩子的現況

父母和老師必須了解到，孩子的行為表現是大腦發展的問題，他們的好動、粗心、不專心，有其生理的因素，並不是故意搗蛋或不學好。如此一來，父母才能較為心平氣和地接納孩子的行為，以更具智慧的方式來教導孩子，並給予適當的治療。父母的接納與全面的支持，是 ADHD

兒童朝向正常發展最大的助力。

二、自我的調整

　　有些個性較安靜內向或律己較嚴謹的父母和老師，非常不能接受孩子的好動與衝動，親子之間的差距愈大，衝突也愈多。因此，在幫助孩子改變行為的同時，父母和老師也需適度調整自己的個性來配合 ADHD 兒童。

三、強化孩子的自信心

　　ADHD 兒童並非全然不好，他們還是有自己的專長與優點，但是因為無法滿足常規的標準或一般父母和老師的期望，而被貼上了壞孩子的標籤，其實這些 ADHD 兒童是無辜的，千萬不要讓自己失望的情緒影響了孩子對自己的信心。父母和老師可以盡量安排一些活動，如游泳、溜冰等，一方面滿足其過動需求，並藉著鼓勵、讚美 ADHD 兒童較專長的部分，增加他們的自信心，彌補因學業、人際關係上的挫折而造成的自卑心態。

四、彌補孩子的不足

　　對於 ADHD 兒童較缺憾的部分，如社交技巧，可以多安排夏令營、露營等活動，加強他們社交技巧的訓練；至於功課方面，可以安排一對一的教導方式，彌補過動造成的學習障礙。這些不足的地方是可以慢慢彌補的，不過需要較長的時間，千萬不要操之過急，也不要期待或要求太高。

五、避免剝奪孩子學習的權利

　　有些父母和老師會因為ADHD兒童在團體中的不良行為，招致親友鄰居或其他學生抱怨後，就限制他們的行動以免產生困擾；結果減少了他們與同年齡孩子互動的機會，反而更增加他們人際關係發展的障礙。所以，應避免過度限制ADHD兒童行動，讓他們在父母和老師的監護之下進行戶外活動是有益的。

六、父母親應該要相互支持

　　家庭在治療過程中扮演了舉足輕重的角色，父母親的態度要一致，彼此體諒、支持。在處理問題時，盡可能不要有太多的情緒反應，應該先停下來思考：孩子的行為是否嚴重？是否可以忽略？孩子的行為是來自焦慮不安或故意？之後再依原則處理。

七、加強親師溝通

　　讓老師與父母同時了解孩子的問題所在，可以避免因為孩子過動的行為激起不悅情緒，而影響了正確的處理方式，並且能減少父母與老師之間不必要的指責與攻訐。

參考文獻

宋維村（1996）。**過動兒的認識與治療**。台北：正中。

5

論普通班教師對自閉症學生及其家長之因應

黃淑賢、蕭　文

壹、前言

　　自九〇年代起，教育界開始提倡將身心障礙者回歸主流，近年來更進一步地推行融合教育，主張將身心障礙學生融入普通班級就讀，以利學生及早適應真實社會生活。融合教育的實施，使得身心障礙孩子與一般兒童間有更多的機會互相接觸與學習，但對普通班教師而言，如何能讓特殊學生「真正」融入普通班級而不受其他同學排斥，卻是一項重大的挑戰。

　　在特殊兒童中，自閉症兒童對教師而言，無論在班級經營上或是在學生的學習上，都是所有障礙兒童中，較難處理的類型之一。自閉症學生往往有較不為常人所接受的特定固著行為，再加上無法與其他學生建立人際關係，因此在班上常是干擾活動進行、形單影隻的一位。當發現班上有這種類型的孩子時，老師往往為之頭痛，除了煩惱教學上的問題外，也擔心不知該如何向家長啟齒，協助家長面對子女的障礙事實。本文將略述自閉症兒童之特徵、家長面對子女障礙之心理調適，並提供有關自閉症兒童輔導與家長間親師溝通方面之建議，以供相關人士參考。

貳、認識自閉症兒童

　　「自閉症」（ autistic ）一詞，係一九〇八年由Bleuler,

E.所提出的（王大延，1999）。Bleuler 原將之用於描述伴隨有社會畏縮行為及思想受情緒支配，而在生活上毫無目標的成年精神病患。後來，Kanner, E.延伸了 Bleuler 的看法，認為自閉症者是與生俱來的症狀，且有嚴重的社會適應困難問題。而人際互動不良，迄今仍為鑑定自閉症的重要指標之一。Leo Kanner（1943）是第一個正式定義「自閉症」的學者，當他在一個專為情緒障礙兒童設置的機構中工作時，發現一些有某種特異行為模式的孩童，這些孩子出現很大的人際距離與疏離，有某些類似成人精神分裂症的症狀。他將這些孩子稱為「早期嬰幼兒自閉症」（early infantile autism），並注意到這些孩子忽略且不在乎任何外在世界的事物（Cherazi, 2002）。基於前述發現，Kanner 於一九四三年發表了「情感接觸的自閉障礙」（autistic disturbance of affective contact）一文，將自閉症之特徵與精神分裂患者做一區隔。Kanner 認為，自閉症有以下幾項特徵：(1)極端的孤獨，缺乏和他人情感性的接觸；(2)對環境事物有要求一致的強烈慾望；(3)對某些物品有特殊的偏好，且以極好的精細動作來玩弄這些物品；(4)沒有語言，或者雖然有語言，但其語言似乎不是用來人際溝通；(5)保留智能，成沉思貌外，並具有良好的認知潛能，有語言者常以極佳的記憶力來表現，而未具語言者則由良好的操作測驗表現其潛能（宋維村，1999）。無獨有偶的，Hans Asperger （1944）也發表了有關兒童期的「自閉性神經病質」的研究論文，兩者的論文在很多方面具有類似點，如，都使用自閉性一詞，認為自閉症者的社會性障礙是天生的，且在成人期也會持續不變；並舉出缺乏視線的接

觸、言語與動作的刻板性、特殊的興趣，以及對變化的強烈抵抗等特徵。雖然當年 Kanner（1943）以及 Asperger（1944）的研究泛指高功能之幼兒自閉症，但其論點至今仍深受相關學者之重視。

　　近半個世紀以來，有關自閉症的診斷標準經過了無數次的爭議與修正，在一九八〇年美國的《精神疾病診斷準則手冊》（DSM-Ⅲ），才集合多方意見，給予定義。而目前則多以 DSM-Ⅳ的診斷標準，來界定自閉症患者的主要特徵。其所述自閉症之特徵如下（孔繁鐘等譯，2002）：

一、在下列 1、2、3 項目之下，至少有六種或六種以上特徵需要含括：

　（一）社會性互動有質的障礙，表現下列各項至少兩項：

　　1. 在使用多種非語言（如：眼對眼凝視、面部表情、身體姿勢及手勢）來協助社會互動上有明顯障礙的兒童。

　　2. 不能發展出與其發展水準相稱的同儕關係。

　　3. 缺乏自發地尋求與他人分享快樂、興趣或成就（如：對自己喜歡的東西不會炫耀、攜帶或指給人看）。

　　4. 缺乏社交或情緒相互作用。

　（二）溝通上有質的障礙，表現下列各項至少一項：

　　1. 口說語言的發展遲緩或完全缺乏（為伴隨企圖以另外的溝通方式如手勢或模仿來補償）。

　　2. 在語言能力足夠的個案，引發或維持與他人談話的

能力有明顯障礙。

3. 刻板及重複地使用語句，或使用特異的字句。

4. 缺乏與其發展水準相稱的多樣而自發性假扮遊戲或社會模仿遊戲。

(三)行為、興趣及活動的模式相當侷限重複而刻板，表現下列各項至少一項：

1. 包含一或多種刻板而侷限的興趣模式，興趣之強度或對象二者至少有一為異常。

2. 明顯無彈性地固著於特定而不具功能性的常規或儀式行為。

3. 刻板而重複的運動性作態身體動作（如：手掌或手指拍打或絞扭或複雜的全身動作）。

4. 持續專注於物體之一部分。

二、在三歲之前即初發，在下列各種領域至少一種以上功能延遲或異常

1. 社會互動。

2. 使用語言為社交溝通工具。

3. 象徵或想像的遊戲。

三、此障礙無法以Rett氏疾患或兒童期崩解性疾患做更佳解釋

筆者綜合國內外各學者之看法，將自閉症兒童之特徵綜合整理如下（ Carson et al, 1999；王大延，1999；宋維村，2001；張蓓莉等，1999；曹純瓊，1994）：

一、社交困難

　　自閉症孩童不會表達情感方面的需求，也不會接觸任何人，甚至不認識或不關心誰是他們的父母（Carson et al, 1999）。自閉症患者在幼兒時期，有社會性反應異常的情形，不似一般幼兒會主動尋求、親近家長，和發出愉快的笑聲。孤立、有疏離傾向、無視他人存在，是自閉症兒的基本特徵（曹純瓊，1994）。在人際互動的發展上，他們在依戀關係、家人關係、同儕關係的建立和維持，也都有相當的困難（宋維村，2001）。除此之外，許多研究指出，自閉症患者有情緒平板的現象，在人與人的情感互動、理解別人的情感、了解和表達自己的情感，都有障礙。

二、溝通困難

㈠口語方面

　　自閉症兒童在語言發展方面有明顯的遲緩現象，有語言的自閉症患者常出現一些怪異的語言或奇特的音調，例如不斷地重複某些語句、發出無意義的語言。另外，自閉症患者在用語上也有困難，譬如難以使用或理解帶有隱喻的語詞和代名詞，無法將所學的話適當運用到生活情境當中。

㈡非口語方面

　　在非口語的溝通部分，自閉症患者在使用具有社會互動或溝通意圖的視線接觸有明顯的障礙（張蓓莉等，1999），不論是否具有語言，自閉症兒童都很少使用肢

體、點頭等非口語方式表達需求。在成長過程中，自閉症患者少有與他人視線有直接接觸的反應，即便有視線接觸，其持續時間亦不會太長；最明顯的特徵在於他們很難用眼神傳遞訊息，對於他人的非口語溝通也很難理解或回應。

三、行為問題

研究指出，自閉症患者的行為問題可能包括重複而刻板的一致行為、自我刺激、自我傷害、暴力傾向、過動等，其中最常見的是一致性行為及自我刺激。許多自閉症孩童會專注於一種或多種刻板而侷限的興趣模式、強烈地依附某些物體，會堅持對事物保持不變，例如走同一路線、以相同的方法重複排列東西等。另外，自我刺激也是自閉症孩童常見的特徵之一，包括重複的搖頭、旋轉、搖擺等。自閉症患者能藉由自我刺激來得到樂趣，但這些行為對一般人來說，通常是不具任何功能或令人感到怪異的行為。

參、自閉症家長之心理調適

一、自閉症兒童家長得知子女障礙事實之負向情緒反應

大部分自閉症兒童家長在得知孩子罹患自閉症時，因一時難以接受這樣的事實，常會出現一些負面的情緒反

應。一般來說，常見的負面情緒反應如下（Dale, 1996; Seligman, 1991；黃淑賢，2003）：

(一)震驚混亂

多數家長在得知子女被診斷為自閉症時的第一個反應都是震驚，對於突然被告知孩子有障礙的狀況，感到茫然無措，一時間不知該怎麼因應才好。

(二)否認

家長會試圖從得知子女為自閉症的事實中逃離開來，不願承認自己的孩子有自閉症，認為是醫師誤診或老師判斷錯誤。

(三)傷心、憤怒

伴隨著否認而來的，最普遍的反應是極度的悲傷與憤怒，一方面為孩子的遭遇感到沮喪傷心，另一方面怪罪上天不公平，使自己的孩子有障礙。

二、自閉症兒童家長所需面臨的問題

自閉症兒童的誕生，對整個家庭來說，無疑是個重大的打擊，當家長們滿心喜悅地期待著新生兒的誕生，卻發現孩子有特殊狀況，父母親們必須開始面對許多前所未有的挑戰。筆者綜合各相關文獻所述，整理歸納出自閉症兒童父母所需面臨之問題如下：

(一)家庭經濟問題

對於許多特殊兒童家庭而言，家庭經濟的負擔是最直接受到衝擊的問題之一。其中，自閉症子女的醫療復健費用以及教育費用的支出，更非一般家庭所能承擔。一般來說，自閉症兒童必須接受長期的語言治療；定期至兒童心

智科複診；六歲前必須接受早期療育的介入；正式入學後，由於學習狀況與社交技巧能力低於一般兒童，因此還需要另請家庭教師提供額外輔導。儘管政府對身心障礙者家庭有教育及醫療補助，但這些福利仍不足以支付自閉症兒童在私人機構中的開銷。是故，許多自閉症兒童家長都為財務上的支出所苦，家境情況較差者，甚至因此放棄對自閉症子女之教養，任其自求多福。

㈡與外界之社交互動問題

當障礙子女出世後，家長們原有的生活型態將隨之改變。過去父母親們可以輕易地與外界連結，參與各種社交活動；但障礙子女出生後，家長必須花許多時間與精力照顧子女，因此必須犧牲原有的社交型態。此外，有些家長覺得生出有障礙的子女是一件見不得人的事，而少部分的社會大眾亦排斥身心障礙人士，在無形中便剝奪了家長原有的社交活動權力。

㈢其他非障礙子女心理調適問題

由於自閉症患者家長必須要長時間地照顧自閉症子女，常會因此使其他手足有受到忽視的感覺。與同年齡的孩童相較，手足中的男孩有較高的沮喪；女孩則承擔較多的家事，這將使他們可能採取具有破壞性的對抗方式，以引起父母的注意（張淑芳，2000）。

㈣父母工作型態改變之問題

由於自閉症子女的出世，父母親必須長時間地陪伴在子女身旁，因此，許多父母必須面臨轉業的問題，選擇工作時間較彈性或可在家工作的職業。更甚者，必須辭去原有的工作，全心全意地照護子女。

㈤夫妻間的危機問題

研究發現，育有身心障礙兒童會增加婚姻的緊張（陳昭儀，1995）。且育有身心障礙子女的家庭離婚率，遠比育有非障礙子女的家庭高，許多父母會因為子女的障礙而互相責怪對方；但也有一些夫妻為了一同克服這個難關，而使彼此間的關係更為緊密。

三、影響自閉症兒童家長壓力調適的因素

生活中充滿著壓力事件，有些是正向的，有些是負向的經驗，遭遇壓力事件，通常會導致個人正常的生活或規律產生改變，這些改變也許會在心理、生理或社交狀況上展現出來（Cherazi, 2002）。當有些人受壓力事件所苦時，另一些人卻能夠成功地度過壓力事件，甚至因為經歷這些壓力事件而變得更堅強。根據國內外相關文獻指出，影響家長壓力調適的因素有以下幾點（Boyd, 2002; Gray, 2003; Seligman & Darling, 1997）：

㈠情緒上的支持

1. 家庭和其他網絡的支持：對父母而言，告知其他家人或朋友有關子女的問題是一項很困難的任務。許多家長表示，他們就是不想去解釋孩子的狀況；有些家長則擔心長輩或其他關心孩子的家庭成員會因此而傷心。

2. 支持團體：父母們多期望能得到家人及朋友們情感上的支持，但許多家長表示，因為其他親友沒遭遇過相同的狀況，所以即使他們真的關心，卻不能完全真正了解他們的心情，甚至有些親友會抱持著負面的態度來面對。因此，父母必須在情緒上尋求其他的支持，是故許多家長會

與其他同樣擁有障礙孩子的家長一同聚會，彼此交換心得、相互學習。這樣的支持團體對家長有以下幾點幫助：(1)減少孤獨和孤立；(2)提供資訊；(3)提供角色示範；(4)提供比較的基準。

(二)社會支持

Waisbren（1980）、Marsh（1992），及其他學者指出，社會支持在提升父母對於孩子的正向感受，扮演著重要的角色，擁有社會支持的家長較少出現沮喪和壓力。不過，社會支持對家長壓力調適的影響，因性別不同而有所差異。Krauss（1993）的研究發現，社會支持能降低婚姻壓力，但對父親而言，它並不是降低壓力的重要因素。這個發現反映出，通常障礙兒童的照顧者為母親，因此母親帶著孩子與外界接觸的機會較多，所以社會支持對母親的影響較大。

(三)家長的人格

儘管許多人強調，社會支持能幫助障礙孩童家長心理調適，不過，社會支持並不是唯一影響壓力調適的因素，個人天生的人格特質也有關聯。擁有「堅強」（hardy）人格的自閉症孩童家長，在經歷高度壓力事件時，依然能保持情緒和心理上的健康，也較少有身體方面的抱怨，這是由於他們本身擁有某些天生的特質，例如對挑戰的控制、面對和包容能力。

肆、教師之因應策略

一、 面對自閉症學生之輔導方式

㈠實施班級輔導

班級中出現一位自閉症同學，對一般學生而言，是個相當特別的經驗，學生們可能無法理解，為什麼這個小朋友在班上沒有辦法守規矩？為什麼他說話的方式那麼奇怪？為什麼他不想和大家一起玩？為使其他學生了解自閉症孩子的狀況，可利用綜合活動課或班會時間，提供有關自閉症的簡單概念，讓大家明白自閉症的孩子並不是故意不守規矩、讓他們知道自閉症同學在人際相處上的困難，進而同理、包容其處境，協助其適應學校生活。

㈡建立愛心小天使制

為使自閉症學生在班級中較能理解上課內容，可選擇較具同理特質、熱心助人的小朋友擔任愛心小老師的角色，適時提醒自閉症孩子目前該進行的活動。有了小老師的提醒，自閉症孩子能更融入班級，擔任小老師的學生也可藉此體驗助人的快樂。

㈢尋求其他專業協助

光靠級任導師一人之努力，可能難以應付學生之各種狀況及問題，因此，導師可向特教老師或其他相關專業人士尋求協助，視學生情況及需求召開個案研討會，從不同角度來了解學生情形，提供學生多元介入的服務。

二、 面對自閉症學生家長之因應方式

㈠誠實告知學生狀況

　　家長們有權知道關於子女的真實狀況，因此，當教師發現學生在班級中有特殊狀況出現，經觀察後發覺孩子有異狀時，應將自己的觀察及想法告知家長；善意地隱瞞學生狀況，很可能會導致延誤就醫，影響孩子未來的發展。

㈡給予家長情緒支持

　　對家長而言，得知自己的孩子不但不如預期般健康聰明，反而有生理上難以痊癒的障礙，的確是相當震撼及難以接受的事實；因此，當教師在告知家長孩子的狀況時，需顧慮到家長的感受，對於家長憤怒、震驚、傷心等情緒給予同理和支持，協助其抒發心中不安沮喪的情緒。情緒上的穩定，將有助其日後的心理調適，使其更有精力面對及處理孩子的問題。

㈢提供家長相關資訊

　　對絕大多數家長而言，「自閉症」是一個陌生名詞，家長們不清楚何謂自閉症？自閉症是否可以治癒？有哪些機構或醫療院所可提供相關服務？就算家長已至醫院就診，也常因醫師門診量過大，無法詳細對家長說明與自閉症相關之資訊，使家長無法在就醫過程中，很清楚地了解孩子的狀況。是故，為增加家長對自閉症的認識，教師應提供家長有關自閉症疾患之知識與資訊；若教師本身對特教方面知能較不足，可商請特教老師幫忙協助說明，使家長增進對此一障礙之認識，進而降低因無知所產生的不安。

四協助家長尋找可用資源

除了由教師本身提供家長與自閉症相關之資訊外，協助家長尋找身邊可用資源，也是相當重要的一項工作。目前，坊間有許多由自閉症家長所組成之民間團體、各師範院校亦有提供特教專業方面之諮詢服務、醫療院所或社福機構（見附錄）也有相關療育課程。因此，可建議家長從不同管道了解自閉症，透過與不同社會資源的接觸，家長更可從中認識有類似情形之家長，使其彼此在情感上能相互支持，在教養子女上能相互交換心得想法。

五進行班級親師座談會

班上有自閉症兒童，對其他學生或家長來說，都需要一段接納及適應的過程。為使其他家長接納自閉症兒童與自己的孩子同班，教師的居中協調為影響關鍵之一，建議教師可舉行親師座談會，對其他家長說明自閉症學生可能出現之狀況，以及教師會採取何種方式處理臨時狀況。在其他家長了解此學生不但不會使自己的孩子學習成效變差，還能培養孩子同理、關懷的精神，在這樣的情況下，其他家長自然漸漸地便能接受孩子與特殊兒童一同學習。

伍、結語

對普通班教師而言，如何面對自閉症學生及家長，是項極大的挑戰，除本身於平時多增進相關特教專業知能外，與其他專業資源的聯繫亦相當重要。透過專業團隊的整合，可避免教師淪於孤軍奮戰，若家長、教師及其他專

業間能有良好的互動及溝通，透過彼此的討論及統整，將
能使各種介入方式發揮其最大功效。

附錄

一、醫療諮詢機構參考名單

機構名稱	地址	聯絡電話
基隆長庚醫院心智科	基隆市麥金路 222 號	(02)24313131
台北醫學大學附設醫院兒童青少年門診	台北市信義區吳興街 252 號	(02)27030080
台北榮民總醫院兒童青少年門診	台北市北投區石牌路二段 201 號	(02)28757363
台北市立和平醫院青少年精神科	台北市中正區中華路二段 33 號	(02)23889595
台北馬偕醫院精神科、早期療育	台北市中山區中山北路二段 92 號	(02)25433535
台大醫院兒童心理衛生中心	台北市常德街 1 號	(02)23123456
台北市立療養院兒童精神科	台北市信義區松德路 309 號	(02)-27263141
台北市立婦幼綜合醫院兒童心智科	台北市中正區福州街 12 號	(02)23916470
三軍總醫院兒童青少年門診	台北市內湖區成功路二段 325 號	(02)8792-3311
林口長庚醫院心智科	桃園縣龜山鄉復興街 5 號	(03)3281200
省立桃園療養院兒童精神科	桃園市龍壽街 71 號	(03)3698553

省立宜蘭醫院精神科	宜蘭市新民路 152 號	(03)9325192
玉里榮民總醫院	花蓮縣玉里鎮新興街 91 號	(03)8883141
花蓮慈濟綜合醫院精神科	花蓮市中央路三段 707 號	(03)8561825
省立草屯療養院兒童精神科	南投縣草屯鎮玉屏路 161 號	(049)323-891
台中市靜和醫院	台中市西區南屯路一段 156 號	(04)23711129
中國醫藥大學附設醫院精神科	台中市育德路 2 號	(04)22052121
沙鹿光田醫院精神科	台中縣沙鹿鎮沙田路 117 號	(04)26625111
彰化基督教醫院兒童心理衛生門診	彰化市南校街 135 號	(04)7238595
省立台南醫院精神科	台南市中山路 125 號	(06)220-0055
台南永康榮民醫院精神科	台南縣永康鎮復興路 427 號	(06)3125101
高雄慈惠醫院兒童精神科	高雄縣大寮鄉鳳屏一路 459 號	(07)603-0313
高雄長庚醫院心智科	高雄縣鳥松鄉大埤路 123 號	(07)731-7123
高雄醫學大學附設醫院精神科	高雄市三民區自由一路 100 號	(07)312-1101
高雄凱旋醫院兒童精神科	高雄市苓雅區福成街 2 號	(07)751-3171

高雄市立聯合醫院身心科	高雄市鼓山區中華一路 976 號	(07)555-2565

二、自閉症相關之社會團體參考名單

機構名稱	地址	聯絡電話
中華民國自閉症基金會	台北市士林區中山北路五段 841 號 4 樓之 2	(02)28323020
中華民國自閉症總會	台北市中山區新生北路三段 68 巷 43 之 8 號 1 樓	(02)25926928 / 25918356
台北市自閉症家長協會	台北市中山區新生北路三段 68 巷 43 之 8 號 3 樓	(02)25933950/ 25953937
台北縣自閉症協進會	台北縣三重市中正北路 508 巷 21 號	(02)29802332/ 29718279
桃園縣自閉症協進會	桃園縣桃園市三和街 66 號	(03)3754263
新竹市自閉症協會	新竹市東明街 233 巷 15 號	(03)5735782/ 5735240
台中市自閉症教育協進會	台中市東興路一段 450 號	(04)24723219/ 24715873
台南市自閉症協進會	台南市永福路二段 81 巷 1 號 2 樓	(06)2288719
宜蘭縣自閉症者福利協進會	宜蘭市民權路一段 65 號 3 樓（宜蘭市社福大樓）	(03)9356672
屏東縣自閉症協進會	屏東市建豐路 180 巷 35 號（身心障礙福利服務中心）	(08)7351024
高雄市自閉症協進會	高雄市中正路三段 28 號 9 樓	(07)2367763

三、 特殊教育輔導機構參考名單

機構名稱	地址	聯絡電話
國立台灣師範大學特殊教育中心	台北市和平東路六段162號	(02)23661155
台北市立師範學院特殊教育中心	台北市愛國西路1號	(02)23896215
國立台北師範學院特殊教育中心	台北市和平東路二段134號	(02)27366755
國立新竹師範學院特殊教育中心	新竹市南大路521號	(03)5257055
國立彰化師範大學特殊教育中心	彰化市進德路1號	(04)7232105
國立台中師範學院特殊教育中心	台中市民生路140號	(04)22294765
國立嘉義大學特殊教育中心	嘉義市民雄鄉文隆村85號	(05)2263645
國立台南師範學院特殊教育中心	台南市樹林街二段33號	(06)2206191
國立高雄師範大學特殊教育中心	高雄市和平一路116號	(07)7132391
國立花蓮師範學院特殊教育中心	花蓮市華西街123號	(038)227647
國立台東師範學院特殊教育中心	台東市中華路一段684號	(089)327338

參考文獻

孔繁鐘、孔繁錦譯（2002）。*DSM-IV* 精神疾病的診斷準則手冊與統計。台北：合記。

王大延（1999）。自閉症家長手冊。台北：中華民國自閉症總會。

宋維村（1999）。幼兒自閉症的行為與教育矯治。台北：教育部社會教育司。

宋維村（2001）。自閉症的行為特徵。台東特教簡訊，14，1-5。

張淑芳（2000）。自閉症兒童家庭壓力。台東特教簡訊，11，57-61。

張蓓莉主編（1999）。身心障礙及資賦優異學生鑑定原則鑑定基準說明手冊。教育部特殊教育工作小組委託國立台灣師範大學特殊教育學系編印。

曹純瓊（1999）。自閉症兒與教育治療。台北：心理。

陳昭儀（1995）。身心障礙兒童與家庭。師大學報，40，187-209。

黃淑賢（2003）。復原力對自閉症兒童家長心理調適影響之研究。南投縣，暨南國際大學輔導與諮商研究所，未出版之碩士論文。

Boyd, B. A. (2002). Examing the mothers of children with autism. *Focus on autism and other developmental disabilities, 17*(4), 209-215.

Carson, R. C., Butcher, J. N., & Mineka, S. (1999). *Abnormal*

psychology and modern life.(11th Ed.). Harper Collins College Publishers.

Cherazi, A. (2002). Healthy adaptation in parents of children with autism: Implications of personality and resilience. Unpublished doctoral dissertation, Alliant International University, Los Angeles, California.

Dale, N. (1996). *Working with families of children with special needs.* London and New York: Routledge.

Gray, D. E. (2003). Gender and coping the parents of children with high functioning autism. *Social Science & Medicine, 56,* 631-642.

Kanner, L. (1943). Autistic disturbances of affective contact. *Nervous Children, 2,* 217-250.

Krauss, M. W. (1993). Child-related and parenting stress: Similarities and differences between mothers and fathers of children with disabilities. *American Journal of Mental Retardation, 97,* 394-404.

Marsh, D. T. (1992). *Families and mental retardation.* New York: Praeger.

Seligman, M. (1991). *The family with a handicapped child.* Boston: Allyn & Bacon.

Seligman, M., & Darling, R. B. (1997). *Ordinary families, special children.* New York: Guilford.

Weisbren, S. E. (1980). Parents' reactions after the birth of a developmentally disabled child. *American Journal of Mental Deficiency, 84,* 345-351.

6

家庭暴力——系統觀點的理解

趙淑珠

壹、家庭暴力所指為何？

廣義而言，任何家庭成員彼此間的不當對待，都是家庭暴力的一種，因此可能包括了夫妻之間、親子之間（父母對子女或子女對父母）、手足之間，甚或姻親之間，都有可能發生身體或情緒的不當對待。所以，根據家庭暴力防治法的規定，家庭暴力指的是「家庭成員間實施身體或精神上不法侵害之行為」。但是以目前台灣的現況而言，夫妻之間的婚姻暴力，特別是婦女被虐，以及對於子女的不當對待，是最嚴重並受到重視的。限於篇幅及閱讀對象可能多數為學校教師，所以本文將聚焦於討論青少年子女的虐待，及其產生的影響。

不管對象為何，家庭暴力可能出現的型態有以下幾種類型（余漢儀，1995；陳若璋，1994b）：

㈠**身體虐待**：加諸於身體的各種毆打，推、摔、撞等，甚或有菸頭的燙傷或燒傷。

㈡**精神虐待**：可能是語言的暴力、羞辱，甚或威脅控制（如金錢或行動），或者在情感上疏離冷漠。

㈢**性虐待及亂倫**：強迫對方進行性活動，可能是以武力強迫，或是威脅若不從將有其他後果。亦有可能是強迫對方進行色情活動，如拍裸照、強迫賣淫等。

㈣**疏忽**：對兒童的疏忽指的是缺乏應有的維生基本照養，如嬰幼兒應受到餵食、清潔的照顧；學齡前兒童應受到行為常軌的照護與訓練等。

上述四種型態，有可能是同出現，而非單一發生的。比如，當毆打發生時，亦可能同時伴隨各種語言的暴力，亦即身體虐待和精神虐待是同時發生的。

貳、家庭暴力有多嚴重？

家庭暴力究竟有多嚴重？如果留心每天報紙的社會版，平均大概每隔一天會有嚴重程度不一的毆妻、虐待子女、亂倫或者老人虐待等事件呈現在讀者的面前。根據內政部的統計（詳見表6-1至6-3），以九十二年度為例，兒童與少年的受虐案件共有八千零一十三件，平均每天約二十二件，亦即，幾乎每個小時都有兒童與青少年受到各種型態的虐待。更何況，有許多虐待的案件可能未經通報，所以真實的情況恐怕比數字所呈現的更嚴重。

表 6-1 兒童保護個案基本資料

年度	受虐人數	性別		年齡			
		男	女	0-2 歲	3-5 歲	6-8 歲	9-11 歲
89	4093	2031	2062	567	825	1126	1575
90	4466	2285	2181	667	1044	1240	1515
91	4278	2197	2081	686	945	1204	1443
92	5349	2776	2573	812	1187	1620	1730

表 6-2 兒童受虐類型

年度	合計	遺棄	身體虐待	精神虐待	性虐待	疏忽	其他
89	4245	350	1815	276	184	683	991
90	4597	298	1372	366	313	1036	1212
91	4338	361	1401	395	277	1052	862
92	5465	470	1938	500	220	1620	717

註：受虐者可能多次受虐或多重受虐，故受虐類型合計件數較受虐個案數多

表 6-3 少年受虐類型

年度	合計	虐待	惡意遺棄	押賣	強引誘從事不正當之職業或行為	其他
89	1966	1118	41	2	76	729
90	2461	1424	75	0	78	884
91	2624	1671	128	0	87	738
92	2664	1512	109	0	28	1015

　　除了兒童外，婚姻暴力也是不可忽視的現象。在內政部家庭暴力防治中心的服務統計中，九十二年一到十二月，曾提供 29,267 人的婚姻保護服務，占所有保護服務（如兒少、老人等）的將近 70%。而在已報案暴力案件中，九十二年度的婚姻暴力有 22,028 件，平均每天有六十件左右的婚姻暴力發生；若以小時計，則每小時約有 2.5 件。如此令人毛骨悚然的數字，以及在每個數字後受到影響的個人、家庭，都是不容忽視的！

參、對於家庭暴力的迷思

一、家庭暴力的發生比率是相當低的

以往在「棒下出孝子」或是「法不入家門」的觀念下，即使家庭中有不當的管教行為或毆打行為，可能都被認為是正當的，而被忽略。在民國八十七年五月通過「家庭暴力防治法」後，各種形式的家庭暴力逐漸受到重視。而由上述表中的數字，也可以看到婦女受暴與兒童虐待發生的比率是怵目驚心、不可輕忽的。

二、暴力經過一段時間自然會停止

從各種案例及下述的循環論中發現，如果沒有機會有專業的介入或治療，暴力的行為很難停止，更可能是愈演愈烈，最後可能以傷害生命作為結局！

三、暴力只發生在社會階層較低的族群中

從各種資料顯示，家庭暴力可能發生在各種教育程度、工作階層，而非僅發生在某個群體。

四、天下無不是的父母，更何況小孩不打不成器

教養子女本就是一件不容易的事，並不是所有的人都會成為稱職的父母親。而對子女過度的管教與虐待，將造成子女難以彌補的創傷與情緒的傷害。

五、長期受虐的婦女應是有被虐傾向或精神失常

其實，許多受虐婦女無法盡早離開受虐關係的主要原因是考慮子女，擔心離婚後破碎的家庭對子女產生不良的影響，擔心個人的經濟狀況無法獲得監護權，或提供子女好的生活環境。好妻子、好母親、好女人的期待，讓受虐婦女往往難以決定離開婚姻暴力的關係。

六、施虐者通常有精神疾病或是對所有人皆是暴力相向的

事實上，許多施虐者並無精神疾病，也可能在其他的人際關係中是溫和、不與人衝突的。

七、性虐待不會發生在家庭內

雖然陌生人的性侵害是可能的，但是不少性侵害的加害人是熟識的家人、親戚或是鄰居

肆、家庭暴力——婚姻暴力的過程

具有家庭暴力的家庭，並非時時刻刻都處在暴力中。根據研究，暴力行為，特別是婚姻暴力的發生，有下述的循環過程，見圖 6-1（引自周月清，1995）。

可能因某些事件，雙方有摩擦或不悅，彼此之間形成對立或緊張的氣氛，壓力升高。

暴力發生後，壓力減低，施暴者可能覺得後悔、愧疚，會向受虐者道歉，或以各種方式彌補

引發期

蜜月期

暴力發生

當壓力逐漸上升後，施暴者出現毆打的行為

圖 6-1 婚姻暴力的循環

　　許多觀察發現，在婚姻暴力中經常有上述的循環現象。因為施虐者通常在暴力行為後會表現愧疚與後悔，甚至有許多彌補的行為，受虐者常會以為「這次真的是最後一次了！以後不會再有了！」因此，便未離開虐待的婚姻關係。而此循環將一而再、再而三地重演，且蜜月期的時間可能愈來愈短，虐待的頻率愈來愈頻繁。所以，專業的介入與治療，改變施虐者對關係的想法與表達方式，重整婚姻與家庭中的關係便是必要的。

伍、家庭暴力的施虐者

表 6-4 兒童虐待施虐者身分

年度	施虐者人數	與受虐者關係				
		父母	照顧者	親戚	同居	其他
89	3933	3221	185	162	95	270
90	4281	3373	197	254	172	285
91	3889	3188	225	189	106	181
92	4667	3784	323	171	202	187

表 6-5 施虐者教育程度

年度	大專以上	高中職	國中	國小	不詳
89	176	689	1095	500	1474
90	193	745	1108	455	1780
91	175	584	1098	467	1565
92	249	974	1583	538	1324

　　從這些統計數字，也可以澄清之前的迷思：施虐者並非陌生人，經常是熟識的人，甚至是父母親；也並非某些教育程度的人才會施虐，施虐者有可能是各種教育程度的人。除了上述的背景資料外，兒童虐待的施虐者也經常有下列的特性（陳若璋，1994a）：

　　1.早期的受虐經驗：幼時曾被虐待、疏忽或未得到愛的關懷。

2. 人格特質不成熟、依賴且無責任感。

3. 衝動控制力弱，缺乏發洩情緒、抒發壓力的管道。

4. 控制慾強，認為家中成員是其附屬品，可以予取予求。

另外，陳若璋（1994b）亦曾整理歸納婚姻暴力中施虐丈夫的特性：

1. 缺乏自信心，對於批評非常敏感。易被激怒，並因此採取攻擊的行為。

2. 原生家庭的早期經驗中，常見到父親毆打母親，而學到以毆打來處理情緒。

3. 控制慾強，權威性人格，一切要依自己的計畫進行，稍有不順即動手。

4. 工作不穩定或工作壓力大，而將壓力發洩在妻子身上。

5. 害怕會失去配偶，當認為配偶可能離棄他時，便有更強勢的控制手段，而更易爆發暴力行為。

6. 情緒表達有困難，人際關係疏離。當覺得孤單、無人了解時，便易被觸怒而引發暴力。

7. 強烈男尊女卑的觀念，將毆打歸咎為是受虐者的行為不當或是自找的。

從上述所呈現的施虐者特性中可以發現，幼時曾受虐或甚至目睹父母親的暴力，都會對子女產生極大的影響，而在成人後可能成為另一個施虐者。有相當多的文獻討論所謂的「目睹兒童效應」，指的便是目睹父母之間的衝突，對於子女所造成的深刻而長遠的創傷。綜合而言，目睹婚姻暴力的兒童或青少年經常具有下列特質（周月清，

1995）；

1. 對自我形象的評價低，認為自己無能保護受虐的母親，進而否定自己的能力及存在的價值。
2. 對他人缺乏信任感，無法與人親近。
3. 在人際相處上，容易有被拒絕感。
4. 挫折忍受力低。
5. 對人際關係有偏差的想法，認為他人對自己的好通常是有目的。
6. 人際溝通技巧差，脾氣暴躁、易怒，具攻擊性。
7. 有神經質傾向，容易緊張、焦慮不安，感覺沮喪或哀傷。

從這些影響可知，任何一種型態的家庭暴力其影響宛如漣漪一般，不管是直接受暴者或是間接目睹者，如此家庭的氣氛都在每個家庭成員身上埋下陰影，逐漸發酵。所以，對於學校老師或其他專業人員，當得知學生家中有任何形式的暴力或虐待時，不管學生本人是否為直接受害者，介入了解，提供資源，協助學生處理複雜的憤怒、羞愧、不知所以的情緒，都是重要而不能袖手旁觀的！

陸、家庭暴力的受虐者

長期處在緊張、受虐的關係中、婚姻暴力中的婦女常會有以下的心理狀態（陳若璋，1994b）：

1. 被毆打後，經常覺得委屈、害怕、生氣、憤恨、羞恥。

2. 恐懼、自尊受損、自卑，甚至因無助絕望而有自殺行為。

3. 人際關係疏離，有挫折時很難找到支持的親友。

4. 不實際的期望，寄望丈夫會突然改變，相信毆打只是暫時的。

5. 習慣扮演賢妻良母的角色。

而受虐兒童的心理特性則有下列幾項（陳若璋，1994a）：

1. 孤僻，對他人缺乏信任感，不願與他人有親密的往來。

2. 心中有強烈的恨意，對他人表現出不友善的態度。

3. 否定自我。

4. 攻擊性強，以暴力作為問題解決的方式。

5. 容易成為施虐者。

試想，如果是我們自己經年累月生活在隨時都可能有風暴的家庭中，不知什麼時候、哪件事情會突然引來責罵、嚴重的毆打，我們心中會有些什麼樣的情緒？長年下來，我們會具有哪些特性，與他人維持什麼樣的人際關係？如果設身處地想像，就不難了解上述所列的受虐者可能出現的心理狀態了。

柒、系統觀點的理解

對於家庭暴力現象的理論探討，可以從各種不同的角度來理解，在本文中將試圖提供系統理論的觀點，來理解

家庭暴力所產生的影響。

　　所謂系統，可以簡單地定義為：「由一組份子所組成，而份子之間彼此維持著某種關係」。如果以一個手錶來做比喻，或許可以幫助理解上述的定義。

　　想像一個有用的手錶需要些什麼？時針、分針、秒針、電池、錶面具數字標示、錶帶、齒輪等等。然而僅有上述的物件，仍無法成為一個「有用的手錶」，上述物件需要以某種方式組合，方能使分針走完六十個單元時，時針恰好走完一個單位。而家庭中的份子，指的是家庭的成員，如父、母、子、女，祖父、祖母等，而這些人除了共同居住外，更重要的是彼此之間維持著某種關係，比如夫妻之間親密、支持或是衝突的關係，親子之間照顧、教育或是疏離的關係，手足之間合作或是競爭、嫉妒的關係等等。不同的家人間有不同的關係，而不同的家庭其家庭內的關係也各有差異。當以系統的觀點來理解人的行為時，就不再將個人的行為反應，特別是所謂的「不良行為」視為個人的問題，而需將個人所處的環境脈絡列入考慮。以身處家庭暴力的子女而言，他們所出現的「行為問題」其實是在反映他們家庭失功能的狀態。所以，如果僅是斥責該青少年而忽略理解其所處的家庭暴力的家庭關係，對於該名少年的輔導有可能事倍而功半。

　　家庭系統理論有許多基本的概念，在此僅摘述幾個能協助理解家庭暴力的重要概念加以說明：

一、界線（Bourndaies）

　　指的是個人與系統，或是家庭系統與外在環境的區

分，以區分的嚴謹或鬆散程度，可以分為封閉的系統或是開放的系統。舉例而言，一個家庭接收或接納新訊息或是新的家庭成員的程度，可以作為此家庭為開放或是封閉系統的指標。比如，一個封閉的系統是界線嚴明的，所以當有新的成員加入時（如媳婦），通常遭遇較多的阻力，需要較長的時間來相互協調。

二、次系統（Subsystems）

通常一個家庭中會由幾個次系統所組成，如夫妻次系統、母子／女、父子／女、手足次系統等等。一般而言，一個功能正常的家庭，其夫妻次系統的支持、親密及相互合作是最重要且核心；當夫妻次系統關係失衡，而使父母之一與某個子女或是所有的子女結為次系統，此家庭有可能以其他的方式來反應此失衡的狀況，如子女的某種身心的疾病，或是不良的行為。

三、階層（Hierarchy）

指上下或大小的結構方式。比如當以家庭為單位，則個別的家庭亦是隸屬於所生活的社區、文化中的一環；而家庭內的階層，則通常指的是家中權力階層的分配，比如一般而言，父母親是階層較高、較有權力的，而子女則權力較低。所以，以階層的觀點來看，也可以觀察家庭中誰是有權力，家中由誰來發號施令？

簡單來說，系統的觀點關注的是事件的脈絡（*在什麼情況下發生的？*）、互動型態的循環（*通常誰與誰之間先發生什麼事，然後才有某個人的特殊反應？*），而非單一

的行為本身。

如果以上述系統的觀點，就不難理解兒童或青少年虐待或是婚姻暴力所帶來的目睹兒童的效應，在青少年時所展現的破壞性力量。有家庭暴力行為的家庭，通常其界線是較封閉的，不願與外界有太多的互動，而此封閉的界線也使得資源與助力不易介入到家庭中，使暴力行為得到改變的可能。而在婚姻暴力的家庭中，幼年子女除了個人受到情緒的影響，如驚嚇、無助外，也可能與母親形成連結的次系統，隨著年齡的增長試圖解決母親的受虐，而與施虐的父親有所衝突。在家庭暴力的家庭中，不管是婚姻暴力或是兒童虐待，通常也可以觀察到家中權力階層的固著，通常是施虐者擁有較多的權力，而其他的家人需要順服。在長期施暴的家庭中，當子女進入青春期後，經常會有爭奪權力情況，子女或者以離家來表示不受控制，或者以各種違反規範的行為來彰顯個人的自主性。

本文的最後將呈現一個案例故事，或許可以幫助讀者理解上述所說的系統觀點在家庭暴力的家庭中如何產生影響。

台華自小生長在父親毆打母親的家庭中，在台華十歲時，母親終於受不了經常性的暴力而離家出走。母親離開後，父親開始將施暴的對象轉向台華及其弟弟。在十六歲時，台華認識了十八歲的雄哥，雄哥的溫柔，讓台華毫無猶豫地跟著他追尋未來，離開夢魘般的家。兩年以後，台華生下了小玲，但是小玲還不滿五歲，流浪的雄哥就再也沒有回來了。台華始終認為是小玲破壞了他們夫妻的夢想

與情感，也就一直與小玲保持疏離的母女關係。小玲二十歲時，也迫不及待要離開冷漠的母親，投向青年才俊——阿成的懷中。阿成是名事業有成的律師，平時很嚴肅，需要所有人都聽他的命令行事，稍有不順便是拳腳相向。小玲與阿成有一男一女，各為十二與九歲，在老大八歲時小玲懷了第三個孩子，但是在阿成某次的毆打中，流產了！小玲更是戒慎恐懼，深怕阿成也會對老大與老二下手。

每次當阿成動怒將毆打小玲時，小玲會將孩子趕到他們自己的房間，叫他們鎖門，千萬不要出來！兩個小孩聽著門外的打鬥聲、母親的求饒聲，驚慌恐懼不知所措！男孩打開音響，試圖蓋過父母毆打的聲音，將籃球投向牆上，發洩內心的恐懼與憤怒；而妹妹則害怕地哭泣與顫抖。

如此的經驗日復一日。某日，母親被學校通知到校處理男孩與人互毆的情事。學校老師告訴小玲，男孩心中似乎有很強烈的憤怒與恨意。同學走過他的桌子時，不慎撞到了鉛筆盒，鉛筆盒掉到地上，男孩便無法控制地將同學打到頭破血流。而如此的情形並非第一次！

故事在此暫停，不知讀者是否可以看出其中的循環了？如果男孩長大會是怎麼樣的丈夫與父親呢？小女孩生長在如此的家庭氣氛中，當她青春期，遇見了「白馬王子」，是否會與祖母——台華有同樣的選擇？而他們的下一代會是如何？或許以家庭圖會更清楚看見其中的循環，見圖 6-2。

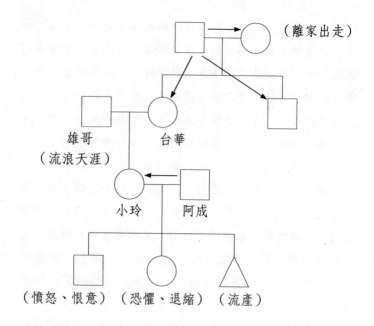

（離家出走）

雄哥
（流浪天涯）

台華

小玲　　阿成

（憤怒、恨意）　　（恐懼、退縮）　　（流產）

註：◯代表女性，□代表男性；△代表未出生；◀— 代表關係中
　　有暴力行為

圖 6-2 家庭圖的範例

捌、老師可以做什麼？

　　了解了家庭系統對個人行為的影響，希望老師們可以
介入的不再限於指責，或是改變青少年個人的想法。在處
理上，除了必要的通報之外，或許身為老師要介入家庭並
不容易，但在面對青少年學生時，至少可以做到下列幾
點：

1. 了解青少年內在的情緒，並認可其憤怒、無助、害怕等情緒的正當性。
2. 肯定試圖保護母親或保護自己的努力，正向地理解他／她的行為。
3. 在可能的時候，與他／她一起理解家庭氣氛對其行為的影響，而其行為其實是為了生存或是為了保護受害者。
4. 與他／她一起探討改變的可能，包括運用家庭外的資源（如家暴防治中心等）、善用家庭內的資源（如其他手足或親戚的介入）。
5. 提供相關的資訊（如書籍或網站），讓他了解如此的情況並非只發生在他的家庭，並且也有機會了解其他青少年如何走過類似的困境。

參考文獻

余漢儀（1995）兒童虐待——現象檢視與問題反思。台
　　北：巨流。

周月清（1995）婚姻暴力——理論分析與社會工作處
　　置。台北：巨流。

陳若璋（1994a）兒童青少年性虐待防治與輔導手冊。台
　　北：張老師文化。

陳若璋（1994b）家庭暴力：防治與輔導手冊。台北：張
　　老師文化。

7

認識非行／偏差行為少年之輔導

游淑貞、蕭　文

所謂「非行／偏差行為少年」指的是曾有「犯罪行為」或是有「犯案之虞」的十二歲至十八歲未滿之人，包括有犯案紀錄的少年、時常逃學逃家的少年、在學校經常進出學務處（訓導處）的學生……。本文僅就近年來非行／偏差行為少年輔導介入的趨勢、文獻中常見的輔導介入內容、實務上普遍的輔導介入內容，以及給輔導人員的實務建議這四部分，做個簡要介紹。

壹、近年來非行／偏差行為少年輔導介入的趨勢

　　雖然輔導介入內容顯得五花八門，但近年來關於非行／偏差行為少年的輔導介入確實有些相似的走向：

一、以滿足非行／偏差行為少年的需求為目標

　　對少年而言，壓力事件通常發生在需求未被滿足時（Renna, 1991）。Dreikurt 和 Soltz（1990）認為，偏差行為的四個目的在於：獲得注意、爭取權力、尋求報復，以及顯示無能。面對這樣的孩子，我們要做的是修正其動機，而不是矯正其行為（Pryor & Tollerud, 1999）。評估少年心理社會發展的研究中發現：非行／偏差行為少年普遍顯得「低親密」與「高沮喪」，若能反其道而行，就是幫助少年的重要介入（Coll, Thobro, & Haas, 2004）；而在實務上，青少年諮商與評估計畫（The Juvenile Counseling and Assessment Program, JCAP）中的一切介入，也只處理

少年的需求（Calhoun, Glaser, & Bartolomucci, 2001）。不管從理論或是實務的觀點切入，在非行／偏差行為少年輔導工作中，一切介入都以滿足少年需求為目標，譬如說，以關心的方式滿足少年親密感的需求，相信自己值得被愛；以鼓勵的方式讓少年得到價值感，相信自己是個有能力的人。

二、讓非行／偏差行為少年參與計畫的訂定

若要讓輔導介入發揮最大的效果，就要以少年為主，依照他們的特殊需求訂定輔導計畫，讓每個少年擁有為其量身訂作的個別計畫（Calhoun et al., 2001; Diane, 2001; Mears, Kelly, & Durden, 2001; National Council of Juvenile and Family Court Judges, NCJECJ & National Drug Court Institute, NDCI, 2003）。除此之外，還要將少年納入計畫的訂定過程中，讓少年參與計畫而不只是被計畫，為自己負起改變的責任（Duffy & Wong, 1996; NCJFCJ & NDCI, 2003; Thomas & Cynthia, 2000）。

三、以尋找替代管道為方法

Glasser（1975）認為，一個需要被幫助的人，是因為選擇不適當的方式去滿足需求，只要改變其行為，以負責任的方式取代之就行了。而焦點解決的做法更是強調改變無效的方法與互動（do something different）——有效的繼續做，沒效的就換個方法（Basile, 1996; Watts & Pietrzak, 2000）。亦有研究指出，細數少年同儕的壞處與負向影響，並不足以幫助少年遠離，要用「興趣與之對抗」才會

有效（NCJFCJ & NDCI, 2003）。上述不管哪種說法，均以幫助非行／偏差行為少年尋找可行的替代管道為努力的方向。

四、從正向的觀點作切入

過去的研究時常將焦點放在非行／偏差行為少年心理功能不良之處，像是高度不確定感、高焦慮、高憂鬱、高憤怒、高受創壓力……等，總覺得這些因素是主要問題及危機之所在，很少調查正向的因素（Viney, Henry, & Campbell, 2001）。

當今研究除了看到非行／偏差行為少年的苦惱之外，同時看重其資源與力量，著重在「正向」的部分，看到少年的能力、進步、問題的解決……而不是缺陷，企圖喚起能力與資源，找出解決之道（Basile, 1996; Viney et al., 2001）；並從現在的資源（而不是過去的方法）建構解決辦法，從向外尋找解決方法的「境外決戰」，改為自個人身上找尋改變資源的「境內決戰」（Thomas & Cynthia, 2000）。

五、納入社會網絡並善用社會資源

少年的需求要放在家庭、社會的脈絡下來看，不能當作獨立的碎片來理解（Johnson, 2001），因此，輔導非行／偏差行為少年時，要納入社會網絡（家長、學校老師）一起做介入，不只針對少年本身（Cassel, 2001a; Duffy & Wong, 1996）。

NCJFCJ 和 NDCI（2003）表示，訂定輔導計畫時，最

好與非行／偏差行為少年的重要他人一起討論，因為除非家人同意該計畫，否則是不會配合的。家長、老師、諮商師若能聯盟，便能更完全地監督與支持少年每天的行為（Diane, 2001; NCJFCJ & NDCI, 2003）。納入和非行／偏差行為少年相關的社會網絡成為工作聯盟，才能全天、全程地陪伴少年走過這段改變的歷程。

貳、文獻中常見的（非行／偏差行為少年）輔導介入內容

國外的做法除了陪同非行／偏差行為少年一起訂定輔導計畫、從正向觀點切入、不時給予鼓勵之外，占輔導計畫中最大篇幅的，就是形形色色的訓練課程，可以說是「少年缺什麼就教什麼」，讓少年不只停留在「想改」的位置，更能真正擁有行動的能力。而不同輔導計畫中常見的內容有下列幾項：

一、提供直接的協助

在培養非行／偏差行為少年解決問題的能力之前，輔導人員時常必須提供有益的協助，解決少年當前的需求。譬如說交通、照顧小孩、修理車子、幫忙找工作、提供住處、關於健康的照顧、協助尋找資源，或是在少年被威脅時代為解決問題。這些做法不僅能提供少年立即的協助，更能增進少年對輔導人員的信任（Calhoun et al., 2001; NCJFCJ & NDCI, 2003; Todis, Bullis, Waintrup, Schultz, &

D'Ambrosio, 2001）。

二、辦理休閒活動與公益活動

正當的休閒活動是少年所需要的，外國的非行／偏差行為少年輔導計畫中，時常包含運動競賽、樂團、合唱團、辯論、西洋棋⋯⋯等多樣的休閒活動在內（Cassel, 2001a; Duffy & Wong, 1996; Lamberg, 2002; NCJFCJ & NDCI, 2003）。這些活動不僅提供少年休閒，更能培養少年的興趣，並讓少年從中獲得成就感。

而公益活動可以給非行／偏差行為少年一個機會，為其罪行做補償，對受害人及社區提出賠償，讓他看到自己對社會是有貢獻的。這樣的做法可以幫助少年和社區更加緊密連結，也讓少年更有責任（Lamberg, 2002; NCJFCJ & NDCI, 2003）。

三、提供給非行／偏差行為少年的訓練課程

Rappaport（1981）相信，增進人們控制命運感的策略比預防或治療的取向更好（引自張黛眉、楊蔚譯，1998）。許多非行／偏差行為少年輔導計畫企圖達到認知行為的改變，增進少年的能力與責任（Calhoun et al., 2001），協助少年學習「建構解決方法」，而不只是「解決問題」（Thomas & Cynthia, 2000），幫助少年遠離原來的團體（Duffy & Wong, 1996），學習過一般人的生活。這些訓練課程包括：問題解決技巧訓練、做決定的方法、職業技巧訓練、社會互動技巧訓練、人際溝通技巧、情緒與壓力管理、自我肯定訓練、藥癮處遇、同理心訓練、法

律常識、課業補救教學……等（Anonymous, 2001; Bullis & Yovanoff, 2002; Caldwell & Rybroek, 2001; Calhoun et al., 2001; Cassel, 2001a; Cassel, 2001b; Diane, 2001; Duffy & Wong, 1996; Hawkins, Catalanu, & Miller, 1992，引自 Coll et al., 2004; Jongsma, Peterson, & McInnis, 1996，引自 Coll et al., 2004; Kroll, Rothwell, Bradley, & Shah et al., 2002; Lamberg, 2002; Lipsey, Wilson, & Cothern, 2001; Mears et al., 2001; Morgenthau & Roberts, 2002; NCJFCJ & NDCI, 2003; Quinsey, Harris, Rice, & Cormier, 1998，引自 Coll et al., 2004; Shaffer, 1999/2002; Terry, VanderWaal, McBride, & Buren, 2000; The National Institute on Drug Abuse [TNIDA], 1997）。

四、因性別而異的介入

　　某些研究指出，男性非行／偏差行為少年與女性非行／偏差行為少年有不同的特質，需要不同的介入方式，以下篇幅將分別介紹之。

㈠針對女性非行／偏差行為少年的介入

　　1. 處理女性非行／偏差行為少年的「關係」的議題

　　女性非行／偏差行為少年特別注重「關係」，需要較多親密的需求（Calhoun et al., 2001; Peters, 2001）。女性少年會因為生活中的負向關係，選擇用傷害自己的方式來反應自身的痛苦，常因關係的議題而犯案或自傷，也會因為正向關係興起改變的動機（NCJFCJ & NDCI, 2003; Peters, 2001）。因此，女性非行／偏差行為少年較需要學習如何和他人發展、維持適當的健康界線（Calhoun et al.,

2001; NCJFCJ & NDCI, 2003）。

　　由於建立健康的關係可以提升少女的自信與自尊，並幫助少年改變，因此，針對女性非行／偏差行為少年的最佳介入就是與之建立支持、關懷的輔導關係；以團體的方式建立正向同儕關係，讓少女學習直接表達而不是使用關係攻擊；幫助少女和有益的同儕、家人或其他成人發展健康的關係；並以正向、良好的輔導關係作為模範（NCJFCJ & NDCI, 2003; Peters, 2001）。

2. 增進女性非行／偏差行為少年的心理健康

　　Timmons-Mitchell（1997）的研究指出，女性非行／偏差行為少年的憂鬱指數較男性非行／偏差行為少年高三倍；Cauffman 等人（1998）指出，女性非行／偏差行為少年有 PTSD 的症狀比男性非行／偏差行為少年多了 50%，亦較一般少女高了六倍（引自 Sondheimer, 2001）。除此之外，女性非行／偏差行為少年有較多情緒困擾、藥癮、酒癮、自殺、不照顧小孩、心理不健康……等情形，更易發展其他心理疾病，因此，對女性非行／偏差行為少年的處遇更要針對這些地方做介入（Chesney-Lind & Shelden, 1992; Dembo et al., 1993; Lewis et al., 1987; Loeber & Keenan, 1994; Wish et al., 1998; Zoccolilo, 1992，引自 Sondheimer, 2001）。

　　除了積極建立良好關係，還要教導女性非行／偏差行為少年學習做決定，不要因為要照顧他人而忽略自己，所以要特別加強自我肯定訓練、自我照顧技巧、教導生理與育嬰的課程，以及學習處理情緒壓力（Calhoun et al., 2001; NCJFCJ & NDCI, 2003; Peters, 2001），幫助女性非行／偏

差行為少年在關係中照顧自己。

（二）針對男性非行／偏差行為少年的介入

男性少年較常因為學業低成就、愛冒險而犯案，常壓抑情緒而無法同理他人，常用危險行為表達情緒（NCJFCJ & NDCI, 2003），會使用向外攻擊的方式表達自己。

輔導男性非行／偏差行為少年時，Peters（2001）認為用一般介入即可；NCJFCJ 和 NDCI（2003）認為要讓少年明白其向外攻擊的特性、明白個人行為的目的、鼓勵少年表達情緒，並教導少年如何當爸爸。

參、實務上普遍的（非行／偏差行為少年）輔導介入內容

非行／偏差行為少年的實務工作中，最常見的介入方式就是「勸導」以及「關心與鼓勵」這二項。

一、勸導

大體上來說，勸導可以分成「指導式勸導」和「引導式勸導」，前者適用於輔導介入的一開始，後者適用輔導介入的後期。

（一）指導式勸導

主要是輔導人員主動告知訊息，少年被動接收訊息，其內容包含下列幾種：

1. 單純勸導，直接要求：告訴少年不要犯案、要乖一點、遠離壞朋友……等，通常都是一句話帶過。

2. **不停提醒**：也就是早也唸、晚也唸，固定三餐外加消夜、點心，有機會就不停地耳提面命。

3. **提供建議**：針對少年生涯抉擇、人際衝突或是日常生活中遇到的困擾……等議題提出看法。

4. **說明後果代價**：直接告訴少年各種選擇的利弊得失。

5. **舉實例供做參考**：以過來人的口吻分享個人相似的生命經驗，或是將所見所聞的真實案例轉述給少年知道。

㈡引導式勸導

除了告知訊息，「引導式勸導」更進一步引導少年學習做判斷、做決定。

1. **點明現實狀況**：不指責、不命令，只是以就事論事的態度將所有線索與證據攤在少年面前，讓少年自省檢核、繼續蒐證、自行判斷比較之後，重新為自己做決定。

2. **思考「意義」**：用「意義」作為切入，讓少年有個思考的方向，重新對過去的生活做個檢視。

3. **想想未來**：不只對焦在當前的生活議題做問題解決，更將眼光拉遠，逐步建構未來的藍圖。

4. **想想家人／重要他人**：扣緊少年願意改變的起心動念，或許是少年最重視的人，也或許是少年對自己與未來的在乎。

5. **灌輸「調整自己」的觀念**：搭著當前生活困境的便車，帶出「調整自己」的觀念，教導少年從心態的改變做起。

事實上，勸導不比唸經，得要有兩把刷子才能引起共鳴，並達到預期的效果。因此，輔導人員要先行判斷少年

所需為何，在少年還無法獨立判斷是非對錯時，輔導人員要多使用指導式勸導；當少年漸趨穩定，輔導人員就可逐漸增加引導式勸導的比例。

二、關心與鼓勵

一般人收到自己喜愛的禮物時，會有感謝與珍惜的心情，相同的，少年接收到他人的關心、支持與幫助後，漸漸懂得感恩與珍惜，並願意以更多的付出作為報答。對少年而言，輔導人員要做些什麼才叫做關心與鼓勵？

㈠出庭、會客與眼淚

在所有的關心當中，陪同出庭、到少觀所會客，以及親長真情的眼淚，是最有震撼力的，因為少年可以不在乎全世界，卻忽視不了家人的眼淚。

㈡日常生活的關心

平常每一次接觸的機會，都是關心少年的好時機，和少年關係的建立從這些小地方做起，就會有積沙成塔、集腋成裘的效果。

㈢代為求情、給予機會

少年都了解「機會不是一直都有」，所以若有人願意以諒解的態度為他們盡力爭取，他們會將之視為關心或是鼓勵。

㈣接納、支持與陪伴

不貼壞標籤、不排斥、不嘲笑，甚至給予更多包容與照顧，是每一個自新者內心的徬徨與期待，在少年為自己奮鬥的同時，會深深期盼有人能聽聽他們的心事與挫折，一同陪伴走過這段蛻變的路程。

(五)鼓勵與獎勵

任何奮鬥過程總要搭配掌聲才更容易堅持下去，可別以為只有口頭鼓勵跟實質獎勵這兩個管道，有時一個欣慰的笑臉也能讓少年感動好久。

(六)看重與在乎少年

當少年有一種被看重的、被在意的感覺，他就更有力量面對生命中的挑戰。值得一提的是，如果不確定少年是否有接收到這份心意，直接告訴他，也是個可行的好方法。

(七)人性的關懷

給予少年人性的關懷，遠比公事公辦更能抓住少年的心。

理解了關心與鼓勵的內涵之後，千萬別忘記：每天都是給予關心、提供支持、建立少年自信的黃道吉日。

上述種種資料顯示，非行／偏差行為少年需要一個堅定且有能力的成人友善引導、適時給予忠告、建議並提供諮詢（NCJFCJ & NDCI, 2003; Todis et al., 2001）；除此之外，輔導人員更要當個負責、正直的人，提供正向互動作為楷模（Peters, 2001; Quinsey, Harris, Rice, & Cormier, 1998，引自 Coll et al., 2004; Todis et al., 2001），輔導人員不僅是個引導者，還得當個正向楷模作為模範。

肆、給輔導人員的實務建議

帶非行／偏差行為少年就像在牧羊，有時用盡拉、

推、騙、趕……各種方法，花了大把大把的力氣，最後發現羊群還是賴在原地不肯動；若能先靜觀其變，了解羊群的習性後，在小羊落單、走偏時，用手揮一揮，引導一下方向，奇怪！羊群通通順著大道走得快樂又自在！或許，不心浮氣躁、了解羊群個性後，才能成為好的牧羊人！接下來就要介紹幾個實用的輔導介入。

一、基本原則

㈠從日常生活中，以關心的方式和少年建立良好的信任關係。

㈡平時盡力給予關愛，少年犯錯時嚴正教導是非、提供必要的指引。

㈢不以歧視的眼光看待少年，接納少年現有的模樣。

㈣依據少年的個別需求，和少年一同訂定改變計畫。

二、從少年改變三要素著手

㈠**增進非行／偏差行為少年改變的意願**：從「迫使少年改變」到「引導少年自發改變」，步驟如下：

　1. 威脅、要求少年改變。

　2. 引導少年想想自己、想想重要他人。

　3. 幫助少年體會幸福感。

㈡**增強非行／偏差行為少年改變的信心**：讓少年從「外在支持」逐漸轉為「內在支持」，步驟如下：

　1. 給予支持與鼓勵。

　2. 增進非行／偏差行為少年和家人及重要他人的關係。

3. 反映非行／偏差行為少年的付出、進步與良好表現。

4. 培養非行／偏差行為少年用正向的眼光看待自己。

(三)**促進非行／偏差行為少年改變的方法一**：從「告知規則」到「少年自決」，步驟如下：

1. 訂定規則、教導法律常識、告知是非對錯。

2. 灌輸少年保護自己、調整自己的觀念。

3. 教導少年衡量後果代價的原則與做決定的方法。

(四)**增加非行／偏差行為少年改變的方法二**：從「遏止少年違規行為」到「引導少年用其他方法滿足需求」。

(五)**增加非行／偏差行為少年改變的方法三**：從「代為解決問題」到「培養少年問題解決的能力」，步驟如下：

1. 代為解決問題。

2. 教導解決方法。

3. 培養少年解決問題的能力。

4. 提供求助的管道。

三、特定建議

(一)實施「自我了解課程」或是個別諮商幫助少年增進自我覺察。

(二)實施「同理心訓練」。

(三)提供好文章、好書讓少年閱讀。

(四)落實家訪，將家庭納入服務的範圍。

(五)介紹少觀所內的生活，以關進少觀作為最後手段。

(六)關進少觀後要引導少年思考。

(七)多辦開放性的活動，不只做談話性的輔導。

(八)短期計畫中，對男性少年強調「未來」，對女性少年要著重在「關係」。

(九)長期計畫中，引導男性少年留意「關係」，加強女性少年對「未來」的重視。

(十)不要理會少年不受教的臨場反應，那只是一種偽裝。

　　許多輔導工作者會在面對一批批非行／偏差行為少年之後，不由自主地浮現出渾身無力的茫然感，不知自己熱情的付出後，怎麼少年的非行／偏差行為狀況還是源源不絕！

　　而不知道你的同事中有沒有這類型的人？他們樂於工作、活力無窮，就像個不倒翁似的不曾倒下。他們是怎麼做到的？他們相信非行／偏差行為少年有能力變好，而且一定會愈變愈好，他們在生活中、工作中，時常反覆提取曾有過的成功輔導經驗，一來可以當作實例，讓非行／偏差行為少年有個學習的對象，提高改變的信心；二來可以提振自己工作的士氣。就像醫護人員也會有面對生命無常的無力感，若能時常去產房與嬰兒室走走，你會發現生命不是只有失去，獲得新生的少年一樣不在少數。

參考文獻

張黛眉、楊蔚譯（1998）。社區心理學。載於洪志美校訂，臨床心理學：概念、方法與專業（頁565-587）。台北：五南。

Shaffer, D. R.（1999/2002）。發展心理學。（林翠湄、黃俊豪等譯）。台北：學富。

Anonymous (2001). Georgia 'juvenile diversions' cuts crime, reports zero recidivism. *Juvenile Justice Digest, 29*(4), 1-2.

Basile, S. K. (1996). A guide to solution-focused brief-therapy. *Counseling and human development, 29*, 1-10.

Bullis, M., & Yovanoff, P. (2002).Those who do not return: Correlates of the work and school engagement of formerly incarcerated youth who remain in the community. *Journal of Emotional and Behavioral Disorders, 10*(2), 66-78.

Caldwell, M. F., & Rybroek, G. J. V. (2001). Efficacy of decompression treatment model in the clinical management of violent juvenile offenders. *International Journal of Offender Therapy and Comparative Criminology, 45*(4), 469-477.

Calhoun, G. B., Glaser, B. A., & Bartolomucci, C. L. (2001). The juvenile counseling and assessment model and program: A conceptualization and intervention for juvenile

delinquency. *Journal of Counseling and Developmen, 79*
(2), 131-141.

Cassel, R. N. (2001a). A person-centered high school delin-
quency prevention program based on eight 'hall-marks' for
success in democracy. *Education, 121*(3), 431-435.

Cassel, R. N. (2001b). Third force psychology used to Foster
Hall-Marks for success serves as the basis for delinquency
and crime prevention. *Education, 121*(4), 642-648.

Coll, K. M., Thobro, P., & Haas, R. (2004). Relational and pur-
pose development in youth offenders. *Journel of Human-
istic Counseling, Education and Development, 1*(43),
41-49.

Diane, H. (2001). Early intensive help for high-risk juveniles.
Corrections Today, 63(7), 80-83.

Duffy, K. G., & Wong, F. Y. (1996). *Community Psychology.*
MA: Allyn & Bacon.

Glasser, W. (1975). *Reality therapy: A new approach to psy-
chiatry.* NY: Harper & Row.

Johnson, J. A. (2001). New York's new approach to juvenile re-
habilitation services. *Corrections Today, 63*(2), 112.

Kroll, L., Rothwell, J., Bradley, D., & Shah, P. et al. (2002).
Mental health needs of boys in secure care for serious or
persistent offending: A prospective, longitudinal study.
The Lancet, 359, 1975-1979.

Lamberg, L. (2002).Younger children, more girls commit acts
of violence: Some get help, others receive only punish-

ment. *The Journal of the American Medical Association, 288*(5), 566-568.

Lipsey, M. W., Wilson, D. B., & Cothern, L. (2001). Effective intervention for serious juvenile offenders. *Corrections Forum, 10*(6), 60-62.

Mears, D. P., Kelly, W. R., & Durden, E. D. (2001). Findings from a process evaluation of a statewide residential substance abuse treatment program for youthful offenders. *The Prison Journal Philadelphia, 81*(2), 246-270.

Morgenthau, J., & Roberts, K. (2002). A hammer and nail approach to rebuilding young lives: Florida's Avon Park Youth Academy and STREET Smart. *Corrections Today, 64* (3), 98-101.

National Council of Juvenile & Family Court Judges, & National Drug Court Institute. (2003). Juvenile Drug Courts: Strategies in Practice U. S. Department of Justice Office of Justice Programs Bureau of Justice Assistance.

Peters, S. R. (2001). Relationships' role in female juvenile delinquency. *Corrections Today, 63*(7), 76-79.

Pryor, D. B., & Tollerud, T. R. (1999). Application of Adlerian principle in school setting. *Professional School Counseling, 2*(4), 299-305.

Renna , R. (1991). The use of control theory and reality therapy with students who are "out of control". *Journal of Reality Therapy, 11*(1), 3-13.

Sondheimer, D. L. (2001). Young female offenders: Increasing-

ly visible yet poorly understood. *Gender Issues, 19*(1), 79-90.

Terry, Y. M., VanderWaal, C. J., McBride, D. C., & Buren, H. V. (2000). Provision of drug treatment services in the juvenile justice system: A system reform. *The Journal of Behavioral Health Services & Research, 27*(2), 194-214.

The National Institute on Drug Abuse (n.d.). (1997). Preventing Drug Abuse among Children and Adolescents. Retrieved May 29, 2004, from http://www.drugabuse.gov/pdf/prevention/RedBook.pdf

Thomas, E. D., & Cynthia, J. O. (2000). *The Solution-Focused School Counselor: Shaping Professional Practice.* MI: Accelerated Development.

Todis, B., Bullis, M., Waintrup, M., Schultz, R., & D'Ambrosio, R. (2001). Overcoming the odds: Qualitative examination of resilience among formerly incarcerated adolescents. *Exceptional Children, 68*(1), 119-139.

Viney, L. L., Henry, R. M., & Campbell, J. (2001). The impact of group work on offender adolescents. *Journal of Counseling and Development, 79*(3), 373-381.

Watts, R. E., & Pietrzak, O. (2000). Adlerian encouragement and the therapeutic process of SOLUTION-FOCUSED THERAPEUTIC PROCESS. *Journal of Counseling and Development, 78*(4), 442-447.

網路使用行為的認識與輔導

施香如

壹、網際網路為我們帶來什麼？

網路為現代生活帶來巨大的改變，它帶來便利與快捷的生活方式，它服務的內容包羅萬象，從資料的搜尋、電子郵件的傳送、資訊的公告、即時影音傳送的對談系統、商品的買賣及各種線上遊戲等功能一應俱全，我們生活中的大部分機能都已能在網路上得到滿足。

由於電腦網路主要是藉由界面與使用者們進行互動，使用便利且不受時空限制，可快速獲得結合文字、聲音、圖形或影像等及時資料；且使用者在網路虛擬世界中，個人身分是可匿名、不斷變更與多元使用的，並大量結交各式各樣的網友。這些特性讓使用者在網路世界中可以不受現實生活情境限制，創造出與真實生活不同的自我角色，並經驗這些角色所帶來的新奇感受。人際互動也可以不受空間距離的限制，原本互不相識且不同生活圈的人們，可以快速藉由共同的話題或活動，成為志同道合的朋友。網路也讓我們的學習更加便利及有趣，讓學習者掌握學習活動的主控權，以提高學習意願。而網路的虛擬特性允許人們藉由不斷的練習與挑戰，來充實個人在虛擬世界中的角色與成就，可滿足使用者的自尊與成就感。歸結來說，上網活動可以滿足人們下列的需求：

1. 藉由匿名性來實驗不同的自我角色與經驗。

2. 人際交往、社會承認與歸屬感。

3. 便捷且有趣的學習。

4. 自尊與成就感（Roe & Muijs, 1998; Young, 1997）。

因此電腦網路的出現，能快速地吸引人們投入其中，並將其視為生活中不可或缺的一部分，但是網路的使用也為我們的生活帶進新的挑戰。近年來，常聽到許多人因為對電腦網路的過度使用或依賴，或是耽溺於線上遊戲，常不眠不休地掛在網路上，而造成許多問題，如：

1. 忽略課業或生活中的其他層面。
2. 進入各種未經篩選的不良網站，造成身心的傷害。
3. 結交居心不良的網友，造成人身及財產的損失。
4. 試圖用網路虛擬世界的生活方式來逃避現實生活中的問題，而無法面對現實生活。

這些不當使用情況是相當令人擔心的，這些使用者不但無法經由網路的使用受益，反而會深受其害的。因此，在青少年的網路使用過程中及時地提供一臂之力，是父母及師長責無旁貸的責任。

貳、網路使用問題——
網路成癮、網路沉迷？

隨著電腦使用的普及，許多人使用網路的時間與日俱增，在無法使用時，甚至會產生不舒服的感受。雖然長時間地使用網路而造成生活中許多的問題，卻沒辦法讓他成功地減少網路的使用，而使得生活、學習或工作都無法發揮正常的功能，讓周遭的家人與朋友相當擔憂，這些就是我們所關心的網路使用問題之主要症狀（Brenner, 1997;

Young, 1997）。Goldberg 在一九九六年首先使用「網路成癮症」（Internet Addiction Disorder）一詞，並分別用耐受性、戒斷症候、使用時間、重要生活功能的影響等七點的判定標準，來描述人們在網路使用上不可自拔的行為（Goldberg, 1996）。Young（1998）則以八項敘述作為人們檢視病態性網路使用的自我判別標準，分別是：

1. 我會全神貫注於網際網路或線上活動，並在下線後仍繼續想著上網時的情形。
2. 我覺得需要花更多的時間在網路上才能得到滿足。
3. 我曾多次努力想要控制或停止使用網路，但都沒有成功。
4. 當我試著減少或是停止使用網路時，我會覺得沮喪、心情低落或是脾氣暴躁。
5. 我花在網路上的時間比原先計畫的還要多。
6. 我會為了上網而願意承擔可能會失去重要的人際關係、工作或是教育的機會的風險。
7. 我曾向家人、朋友或是他人說謊，以隱瞞我涉入網路的程度。
8. 我上網是為了逃避問題，或是抒發無助、罪惡、焦慮或沮喪等感覺。

他認為，若是使用者的情形符合上述五種（含）以上，可能已是出現網路沉迷的傾向。國內也普遍地使用這樣的定義，其中，陳淑惠（2000）並以我國大學生為樣本，由網路成癮的耐受性、強迫上網行為、網路退癮反應等症狀，及網路成癮的相關問題等向度，編製中文網路成癮量表（Chinese Internet Addiction Scale），目前成為國內

檢視學生網路成癮現象的重要工具。

　　然而，因為網路與造成成癮異常的藥物或酒精不同，它是現今生活重要的工具，而不是有害身心的物質，因此許多學者都認為，從精神病理學的觀點來定義不健康的網路使用是不恰當的（Davis, 2001; Grohol, 2003），所以它至今一直未被正式列入《精神疾病診斷準則手冊》（DSM）的物質成癮異常中。因此，本文以「網路沉迷」一詞來說明上述的網路過度使用問題，因為：

一、有關網路使用問題行為之判斷時需多方考慮，不可僅借重單一診斷標準

　　網路使用問題至今尚未有明確的標準來判定，不論是Young（1998）的八項自我檢視標準，或是陳淑惠（2000）的中文網路成癮量表，雖指出一些具體的判定原則，但仍無法確認涉入程度的標準，這也無法作為網路問題行為的唯一判定標準。進行輔導過程時，需更審慎地觀察評估，以免對使用者及其家人產生誤導作用。

二、網路使用情形有其階段性適應情形的

　　大部分的人可以自行恢復生活的平衡，許多使用者（尤其是新手）在沉迷網路一段時間後，會自發性地回復正常的網路使用情況。也就是說，他們的情形是「階段性的沉迷」而非「病態性的成癮」，使用者們常是存有現實感，他們的網路使用情況會隨著使用者對學校生活及課業壓力的逐漸適應；或是周遭環境的改變，甚至是發現生活中有其他的重心或需求需先達成時，他們可以自行降低網

路的使用量，並將網路變成其生活中的有用工具，而不過度依賴它。但是，如此的回復過程需要一段時間，且每個人適應的時間長短不一（施香如，2000；Grohol, 2003）。

　　因此，了解網路成癮的重要指標，有助於我們及早辨識使用者的網路問題行為，但若能放下異常行為的概念，而改以階段性沉迷與適應的概念來看網路行為問題，可避免過早為重度使用者貼標籤；並能提醒我們，在青少年的網路使用上應同時強調預防教育與輔導並重，方能有效地協助使用者減少因過度使用網路而產生適應不良的問題。

參、如何協助青少年健康地使用網路

　　近年的許多研究及學者均指出，可以藉由與青少年良好的互動及關懷，進行網路使用態度與方法的教育與訓練，重新建構網路環境，並設立合理的使用規範等做法，讓他們在學習電腦網路的同時，也能學習更正確的電腦使用態度，以預防網路使用的負向結果（Brown, 1999; Dorman, 1997; Keizer, 2001）。以下將分別說明幾項可行的做法：

一、關心、參與、監督並協助孩子使用電腦

　　我們要了解，與其鼓吹孩子遠離電腦與網路，還不如多關心、參與、監督，並協助他們正確地使用。因為完全地禁止不但無法滿足孩子的學習需求，反而會增加親子間的衝突。而當孩子開始對你隱瞞他的電腦使用情形時，我

們更沒有機會協助他善用電腦。

二、不要以遊戲軟體作為引導孩子學習電腦的入門方式

其實，孩子學電腦的最好入門方式，是把電腦當文書處理機，而不是一開始讓孩子玩遊戲軟體。很多人為了讓孩子對電腦產生學習的興趣，都以電玩遊戲作為初學的主要操作軟體，雖然遊戲軟體的確可以協助學習者很快地對電腦產生親善的感受並樂於使用它，也會帶給初學電腦使用的人相當大的成就感；但是，也會使學習者忘記學習使用電腦的本意，對於年齡較小的兒童更會產生誤導的作用，認定電腦的主要功能是娛樂。

三、把上網變成公開的家庭活動之一，並與子女訂下清楚的上網規定

不要讓電腦使用成為孩子的秘密，最好能把上網變成家庭活動之一，和子女公開討論並訂下清楚的上網規定。Dorman（1997）認為，注意孩子使用電腦就如同他們看電視的行為一樣重要，父母需和他們一同訂立網路使用的規則，這些規定包括：使用時間、時段及可使用的網站等；並應教導兒童如何在網路上找到有用的資訊。另外，也要告訴孩子應避免在布告欄或聊天室與陌生人接觸，就好像在現實生活中，我們會限制孩子與陌生人交談般。

而這些事先的約法三章，可以使孩子在父母與師長的關心與引導下，學習自我控制電腦網路的使用。而父母及師長若對孩子使用網路採放牛吃草的態度，有些孩子是很

難自己找到方向的。我們可以在許多的網站上找到相關的資料，如 http://kids.getnetwise.org/ ; http://www.safekids.com/或 http://eteacher.edu.tw/ ，它們都是師長及父母很好的參考資源。

當父母及師長願意以信任孩子、尊重他們的隱私權的態度，來了解孩子的現實及網路生活，注意孩子在網路上所接觸到的資訊，和孩子一同上網並了解他們上網的活動內容，建立電腦及網路使用規則，並提醒他們如何保障自己使用網路的安全，如此一來，應可協助孩子在網路上獲得較正面的效果（Brown, 1999; Keizer, 2001）。

肆、網路沉迷者的輔導策略

因為沉迷網路人數日益增多，相關問題的輔導策略已成為許多文獻的探討焦點，但是過去的輔導策略多將治療物質成癮之策略轉移而來。如 Seligman（1990）認為，認知重建、行為記錄與控制、示範等，都是可行的輔導方法；但心理分析的方法可能較不適用，然而促使當事人重建新的社交支持系統，將會是必要的工作。但是，我們需正視一個問題：「網路和藥物有相當大的不同，它是現代生活中的必備物品，是無法完全禁止的」，所以，網路沉迷者的輔導目標與策略，應與一般物質成癮者有差異。

筆者試著整理研究心得與輔導工作的經驗，提出可行的輔導策略，以下分別就輔導者的準備、輔導目標、諮商

歷程及可能面對的議題加以說明：

一、 輔導者的準備

　　因為網路及成癮行為對大多數的輔導工作者,都是相當的陌生或新奇,要面對網路沉迷問題,對許多成長於不同世代的父母及師長們都是一大挑戰,如果能先做一些準備,會讓輔導過程更容易產生成效。

　　首先,我們應先檢視自己對網路、網路沉迷者的看法與感受,才不會帶著對網路或是網路沉迷者的刻板印象,來面對我們的當事人。想一想:「電腦網路在你的生活中占有什麼樣的位置?對你生活有益或有害?」「網路成癮是一個須處理的問題嗎?如果是的話,究竟是網路有問題,還是成癮行為有問題?」輔導工作者對這樣行為的態度往往會影響他面對網路重度使用者的態度及所設立的目標,若能先自我澄清相關的看法,對輔導過程會相當有益的,可避免輔導者因個人對網路使用過度正向或負向的看法,而無法以開放且尊重的態度來看待當事人的網路問題。

　　此外,要進行網路沉迷輔導之前,我們也得先對電腦網路世界及網路族有所了解,我們才能由網路使用者的角度來看他們的行為,深入了解他們的看法及心路歷程。這可以增加他們接受輔導的意願。

　　接著,應了解網路重度使用者的可能心理特質及相關因素,及沉迷行為的可能發展歷程,更能設身處地體會當事人的想法與感受外,也能對於輔導方向及可行策略有更清楚的掌握。

　　最後,應先建構可行的輔導團隊,大部分的網路沉迷

者出現的問題，往往不是只在諮商室內就可以處理的，還需要該使用者的重要他人、同儕及諮商師的共同協助，才能產生較佳的輔導功效。所以，在進入實際的輔導過程之前，先規劃好輔導團隊的成員，以期能分工合作地形成整體的輔導目標，以免變成多頭馬車的現象，會使輔導過程更順利。

二、輔導目標

我們必須牢記在心：造成「沉迷」的網路本身並不是有害的，而且網路已是現代人在生活中必備的工具。因此，輔導的目標應放在協助當事人適度地使用網路來增進其生活效能，而不是完全禁止其使用，方能使當事人有意願改變其成癮的行為，也較能符合其生活現況。

三、可行的諮商歷程

若分階段來看網路沉迷者的諮商過程，可將其分為下列幾個階段：

㈠評估當事人的問題、意願與需求

在初接案時，可以先初步了解個案的狀況，但要放下「沉迷網路是不好的，我希望改變你的行為」的心態，先學習進入當事人的世界，和他談談他在網路世界中愉快且有成就的經驗。

沉迷於網路的當事人，大部分是因為生活中的重要他人的要求，迫不得已才來接受輔導的（Brenner, 1997; Young, 1998），所以站在他們的立場來理解他們的行為，以開放且尊重的態度來看待他們的網路經驗，可以讓當事人

更信任輔導者，才能更深入地探討他的問題，並提高他改變的意願。

（二）全面性地蒐集資料，以分析其網路過度使用的成因、發展歷程與使用類型

我們在過去的研究中發現，網路沉迷是一種行為的結果，但每位使用者沉迷於網路的原因並不相同（Caplan, 2002），所以我們須深入地了解當事人的情況，才能了解問題的主要成因，找出有效的處理方法（Grohol,2003）。

而這樣的評估還有另外一項很重要的考慮，就是試著找出過去是否有過成功控制網路使用的經驗，這可以幫助輔導人員找到協助當事人改變的有效機制，是未來輔導過程中重要的參考資料。

（三）與當事人共同確立諮商目標

雖然當事人多半是被強迫而來的，但是他仍可以選擇只要度過目前的困境即可，或是深入探討沉迷的原因。當他們選擇前者，並不代表這樣的目標只是治標而已，相反的，只要當事人能開始學習為自己做選擇，而後努力達成自己所選擇的，他就會逐漸學會自我控制，對沉迷網路的自我控制能力之培養是相當有幫助的。如此一來，輔導者與當事人就可以共同為減少網路使用的負向影響而努力。

（四）協助當事人發現自我控制的機制與能力

當人們沉迷於網路時，周圍的重要他人首先要做的不是先責備他，也不需急於將他們的行為定義為病態的行為。沉迷於網路的青少年，主要是其在網路上失去了自我控制的能力，因此輔導的重點不應強調個案目前生活中做不到的事情與成就，而應協助他們從不同的生活層面看到

自己的成就與控制能力，並強化它們，使他們有機會看到自己的能力，並有信心運用它們來改善自己的生活。

因此，只要他還有現實感，我們應該協助他們積極地在自己身上及外在生活中尋找力量，學習運用自我的能力來面對生活中的要求，使他藉此學習運用自己的力量來回復對網路的自我控制能力；而不要一味地以強調當事人生活中的負向經驗與能力為鏡，以此要求他放棄網路，努力讀書，這往往會帶給他更大的壓力，反而更會因此逃入網路世界以尋求情感紓解。

(五)學習改變現況所需之技巧訓練

由於許多的網路沉迷者是因為現實生活中的困境而進入網路世界的，所以在協助他們回到現實世界的同時，我們須評估他適應現實世界所需的技巧，如時間管理、人際溝通技巧或價值澄清等；並於諮商過程中加以訓練，讓他們更有信心接受現實世界的挑戰，也培養在網路使用和目前生活的要求間，取得「平衡」的能力。

(六)加入外在環境的協助

建議其生活中重要他人協助規劃生活的軟硬體環境，如時間的重新安排、電腦位置的調整、加入運動休閒的計畫，這些生活中硬體環境的改變，常有助於改善網路沉迷現象（施香如，2001；翟本瑞，1999）。因此在輔導過程中，也須注意到外在環境的重新安排，以利於使用者的改變情形可以持續，而這部分的工作往往得偏勞當事人的父母或家人，才能確實執行。

伍、網路沉迷者的輔導過程中
可能面對的議題

網路沉迷者往往不是一天就形成的，而他們的問題又牽涉到多方的因素，一位網路沉迷的輔導工作者往往會面對許多不同的挑戰，值得我們注意：

一、當事人的刻意欺瞞

為了保有繼續使用電腦及網路的可能性，又不被責難，當事人往往在輔導過程中會刻意欺瞞使用的情況，這是成癮者常有的特徵（Schaub & Schaub, 1997），也是常讓輔導者挫折且困擾的情境，當事人無法在輔導過程中誠實以對，常會讓輔導關係變得相當的緊張。

我們須體認這是輔導過程中必然常見的現象，輔導工作者能理解當事人的不據實以告，其實對他而言是一種自我保護的行為。當輔導人員在每一次的晤談過程中，都努力去驗證其話語的真實性，往往會引發當事人更多的防衛。這時候的處理重點，就不是在於努力地證實他是不是在說謊，而是致力於讓他相信，輔導人員主要目的不是要責備他或是禁止他使用網路，而是要和他一起討論如何有效地使用，使其在網路上得到更大的益處。

二、須優先處理因網路過度使用帶來的生活問題

網路沉迷者之所以會尋求輔導人員的協助，往往不是

139

因為網路沉迷行為本身，而是他的生活中因網路使用，而出現了嚴重且須立即解決的問題，如退學、延畢或嚴重的家庭衝突等。輔導人員要依問題的輕重緩急，排出處理的優先順序，先一一協助他們面對並解決這些問題後，才能使當事人安心面對個人電腦網路沉迷的行為。

三、其重要他人的焦慮情緒與期望之處理

　　沉迷網路者的輔導，常常不是在很短的時間就可以看出效果的，但是因為他們的沉迷行為通常已經嚴重干擾日常生活的功能，所以周圍關心他的人，往往都希望改變是可以立即發生，但往往是事與願違的。因而，他們在不斷檢核當事人改變的速度與成效，及不斷的失望過程中，常常產生相當多的焦慮、憤怒、挫折，甚至自責的情緒，與當事人的互動關係常因此呈現緊繃的情況，甚至會陷入僵局之中。這些情形相當不利於當事人的網路使用情形之改善，甚至會產生惡性循環的效果。

　　但是，我們常認為輔導的主要對象是網路使用者本人，會將所有心力放在當事人身上，並且假設父母或其重要他人是絕對有能力協助當事人的，而忽略這些重要他人其實常已是深受打擊的，且生活及情緒都受到干擾已久。因此，若是輔導工作者能及時為他們打氣，教導他們如何面對自己的挫折與焦急的情緒，可使重要他人在網路使用者的輔導團隊中發揮更好的功能。

陸、結語

　　網路沉迷的問題是我們共同關注的問題，而有效的輔
導策略也是我們努力在尋覓或建構的，然而這樣的輔導過
程與其他問題的輔導有許多雷同之處，但我們可以看出，
不論在網路使用問題的預防或是輔導的過程中，絕對不是
單靠輔導人員就能發揮完全的輔導功能，父母、任課教
師，甚至優良的網站等，都是很好的幫手。所以，學習建
構並運用輔導團隊，是進行網路沉迷者輔導時的重要利
器，也更能有效地協助他們在網路世界中學習自我控制，
而不被電腦網路所控制。

參考文獻

施香如（2000）。我國學生電腦網沉迷現象之整合研究
——子計畫四：中學生父母對子女網路沉迷現象之態
度與行為研究（2/2）。行政院國家科學委員會補助專
題研究計畫成果報告，計畫編號：NSC89-2520-
S-009-004-N。

施香如（2001）。迷惘、迷網——談青少年網路使用與輔
導。學生輔導，*74*，18-25。

陳淑惠（2000）我國學生電腦網沉迷現象之整合研究——
子計畫一：網路沉迷現象的心理病因之初探（2/2）。
行政院國家科學委員會補助專題研究計畫成果報告，
計畫編號：NSC89-25-S-002-010-N。

翟本瑞（1999）。網路上癮。Available at: http: //mail.nhu.
edu.tw/~society/e-j/e-j1115/e-journal 第二期.htm。

Brenner, V. (1997). Psychology of computer use: XLVII. Para-
meters of Internet use, abuse and addiction: The first 90
days of the Internet usage survey. *Sychological Reports,
80*, 879-882.

Brown, M. R. (1999). Make cyber safety a family affair. *Black
Enterprise, 29*(8), 130.

Caplan (2002). Problematic internet use and psychosocial well-
being: Development of a theory-based cognitive-behavio-
ral measurement instrument. *Computers in Human Behav-*

ior, 18, 553-575.

Davis (2001). A cognitive-behavioral model of pathological Internet use. *Computers in Human Behaviors, 17*, 187-195.

Dorman, S. M. (1997). Internet (Computer Network) and children; internet (Computer Network)-Security measures. *Journal of School Health, 67*(8), 355.

Goldberg, I. (1996). Internet Addiction Disorder. [On-Line] Available at http://www.physics.wisc.edu/~shalizi/internet_addiction_criteria.html.

Grohol, J. M. (2003). Internet addiction guide. Available at http://www.psychcentral.com/netaddiction/.

Keizer, G. (2001). Internet (Computer Network) & children; parenting; children; computers. *PC World, 19*(5), 143-146.

Roe, K. & Muijs, D. (1998). Children and computer games: A profile of the heavy user. *European Journal of Communication, 13*(2), 181-200.

Schaub, B. & Schaub, R. (1997). *Healing Addictions: The Vulnerability Model of Recovery*. New York: Delmer Publisher.

Silegman, L. (1990). *Selection Effective treatments: A Comprehensive Systematic Guide to Mental Disorders*. San Francisco: Jossey-Bass.

Young, K. S. (1997). What Makes the Internet Addictive: Potential Explanations for Pathological Internet Use. *Paper presented at the 105th annual conference of the American Psychological Association.*

Young, K. S. (1998). *Caught in the net*. NY: John Wiley.

9

自我傷害行為的認識與輔導

林美珠

壹、前言

翻開報紙，幾乎每隔幾天就有驚悚的自殺標題，每個自殺新聞總會牽扯出總總情感的糾葛，每段傷心往事也總會帶來難以承受的包袱，以及個人難以磨滅的印記。每個人一輩子當中也許都曾有過鬱悶或是想不開的時候，大多數人最後可以雨過天晴，但是少數者也許就在一念之間，枉送性命或造成身心終生的缺陷與遺憾。到底自殺的問題可不可以解決？可不可以預防？面對一個有自殺或自傷傾向的人，我們如何可以事先得知，事先防範？而對於已經採取自殺行動的人，我們又該如何應對？本文將對這些議題作說明。

貳、自殺預防須加強

根據行政院衛生署九十二年度的統計資料顯示，近年來台灣十大死因中，自殺就高居第九位，而自殺死亡人數也逐年增加。其中，自殺在青少年死因中，更高居第三位，而自殺者的年齡層也逐年的下降。這些有關自殺死亡率的統計數字，還不包括自殺未遂者以及曾有過自殺念頭者，更不包括自傷者。所以，自殺及自傷行為發生的確實數據更是難以估計的。

近年來，國人在面對高死亡率的癌症、血管疾病等的

時候，已經開始了解到「及早發現及早治療」的重要性，也開始推展各項「疾病預防」的措施，來減低致病以及致命率。但比較起來，對於自殺或者是自傷行為的防範，我們目前所做的還是相當地少，或其實有時還有著錯誤的觀念，因而導致自殺或者是自傷事件的惡化。所以國人應該開始正視自傷的預防工作。

　　早期國內對於自殺行為的處理，主要是透過各縣市生命線、張老師等機構提供助人服務，藉由傾聽人們的心事來挽救人命於旦夕，但是隨著社會與時代的快速變遷，僅做危機處理就顯得不夠了。因為危機處理固然可以救人一命，但所費社會成本不貲，而倘若自殺的人死意堅決或危機處理有疏漏，那麼生命折損所帶來的，不僅是個人、家庭，甚至是整個社會的悲痛與損失；而且，經由社會學習的結果，更可能引發其他人起而模仿，傷害自己的生命。所以只是做到危機處理是不夠的，我們需要加強的是預防性的工作，這樣的工作需要更多人的投入，而不僅僅是少數特定專業人士的責任而已。

參、相關概念須澄清

　　並不是每個「自傷」的人都想或者都會想「自殺」。有的自傷是基於同儕的壓力（例如：集體以刀割手臂），有的自傷是一種壓力的宣洩，也有的自傷是一種人格疾病的表現（例如：邊緣型人格問題）。而當我們說自殺一詞的時候，我們會注意到幾個用詞用字的區分，像是「自殺

企圖」、「自殺意念」、「自殺計畫」、「自殺成功」、「自殺未遂」等。有自殺意念的人不一定真的採取自殺行動,而當一個人有了自殺計畫的時候,其自殺企圖是相當明顯了。

　　一般大眾對於自殺及自傷行為,常常抱持著一些不合理的信念和想法,而處理自殺的方式便是破除這些迷思和錯誤觀念。唯有破除這些迷思,我們在面對有自殺及自傷行為的人時,才更能夠以正確的態度面對與處理,並做有效的預防。這些常見的迷思包括:

迷思	澄清
談論自殺的人不會真的去做	談論自殺的人的確有可能採取行動
自殺的人都是決心想死的	有自殺念頭的人並不一定真的想死或採取行動
只要看看人生光明面就會好受一點	對於情緒低潮或有自殺傾向的人很難看到人生的光明面
自殺只是想得到別人的注意	企圖自殺的人的確是希望得到關注,但是其通常是承受著強烈的情感痛苦
兒童不知道如何自殺	孩子們的確知道,且大眾傳播也提供了許多的範例工具和方法
企圖自殺的人都有心理疾病	有許多是心理壓力造成的,而未必皆是心理疾病
貧窮的人跟富有的人比較容易自殺	自殺無社經地位差別
不宜與有自殺念頭者談論自殺	談論自殺反倒能幫助他們消除孤單及恐懼

自殺是突如其來,毫無預兆	自殺者通常會計畫好他的自殺方式
自殺的危機消除後,就沒有自殺危險	就算在情緒及行為上有所改變,可能是其已做好自殺的決定,危機並沒有因此消失

我們不難發現,其實這些自殺的迷思,在我們生活中是顯而易見的,而這些迷思將很可能讓我們失去發現自殺及自傷行為高危險群的第一時間。

肆、行為線索須留意

意圖自殺及自傷行為者可能會出現哪些行為線索?如果一個人出現下列一種以上的情形,那麼就要開始留意:

· 容易沉思生死問題。
· 開始談論自殺,表示對世事不再留戀。
· 長時間持續顯得沮喪,有焦慮、緊張、孤離、退縮、悲傷無望的現象。
· 以前曾自殺未遂。
· 威脅要採取自殺行動。
· 出現暴力和叛逆的行為,變得愛過度冒險。
· 把珍貴的東西送人,安排後事,做準備工作。
· 覺得自己沒有價值。
· 行為模式的邊變:飲食、睡眠、性格等。
· 有求助行為出現(如:看心理醫生、尋求輔導人員

幫助等）。

身為教育人員或助人工作者要具備偵測以上行為線索的敏感度，而這樣的提早發現，對於自傷預防工作來說是最基本的。

伍、自殺行為須評估

及早發現及早預防，這樣的概念用在自傷預防的工作上，是相當重要的。

談論自殺是件不容易的事，也因為如此，我們往往避而不敢去碰觸，深怕一戳破就會難以收拾。事實上，自殺的評估工作就是要直接去談論，例如：

> 個　　案：嗯……其實我覺得也沒有必要再來了
> ……生活對我來講已經沒什麼意義了
> （語氣和緩，眼神悲傷，頭微微下
> 傾）。
> 助人者：那你有想過自殺嗎？
> 個　　案：（慢慢地點點頭，沉默）
> 助人者：那你是否已經做了自殺的計畫？
> 個　　案：嗯……（點點頭）
> 助人者：你可以跟我說說你的計畫嗎？

在上述的例子中，助人工作者直接與案主談論其自殺企圖和計畫，因為談出來後，助人工作者才能知道危險的

程度，以及如何採取因應之道。助人工作者要以溫暖和真誠的態度去和個案進行晤談，而在評估時發現個案有自殺的念頭，即應誠懇而直入地問問題，只有直接的問題才能了解其自殺的嚴重性、自殺計畫、程度、準備過程及前史，而非是去逃避這樣的話題。有時候，有些人並不會直接告訴我們他們心中的想法，這時候運用一些媒介，例如「測驗工具」，就是很好的自殺評估工具。國外常用的「貝克憂鬱量表」以及系列中的「絕望感量表」、「自殺意念量表」（國內均有中文版），即是評量憂鬱和自殺可能性的工具。除了自陳量表之外，投射測驗亦是一個相當好的協助工具。這裡有則門診病人在「主題統覺測驗」上說的故事作為例子：

> 他為某事煩惱，他覺得很累，他有想不開的念頭。……
>
> 他趴著哭泣，最後選擇自殺或從那個環境脫困，即使沒自殺，情緒低落，為了外界，他也是死撐而已。……這個人就像我……

　　在上例中，病人在故事的敘說中投射出其自殺意念，而且最後還能將故事中的主角與自己做連結，進而能自我揭露。當個案在自陳量表上或投射測驗上透露出自傷的危險性時，這時助人工作者就要做自殺的評估與處理；而自殺評估的最後，重要的是助人工作者要與個案訂定契約，要個案承諾在其無法保護自己時如何尋求他助，來保護自己。例如：

助人者：我們剛剛一起看了你是怎麼去準備你自己的自殺計畫，聽起來，你現在覺得自己是很孤立無援的。

個　　案：（頭還是微低）其實根本沒有人在乎我，就算我離開這個世界應該也沒有人發現，平常我就常常被忽略，死了也應該是這樣吧！

助人者：聽你這麼說，現在我有一個想法，想與你討論，是關於我們兩人之間的約定。我希望當你有強烈自殺念頭時，你能夠主動與我聯絡，或者是和其他你所信任的人透露這個訊息。聽完這項約定，你有什麼樣的想法呢？

個　　案：嗯……（低頭沉思了一下），我想我願意試試看。

　　此外，自傷的個案並不一定是真正有自殺企圖的人，其自傷行為有可能具有某種「溝通」的意義，故而需要透過非語言的方式，例如身體語言，來表達自己的情緒和自我意象。這時候，就可以透過繪畫、舞蹈或其他的方式，來做自殺評估，而透過身體語言的表達與宣洩，也會具有某種程度的治療療效。

陸、輔導介入須有效

通常對自殺或自傷的人能提供的輔導介入，除了一般的個別晤談外，還有以下介入方式：

一、團體諮商的進行

運用團體諮商或治療的方式，對成員具有正向鼓勵作用，並且可以激發成員的希望；協助成員發覺自己和他人的相似處，重拾自己的價值感；能提供成員一個情緒宣洩、情緒支持的環境以及一些訊息；甚至能協助成員進一步了解生命的有限性及無窮性、坦承的面對生死議題、為自己的生活負責任……。針對自殺或自傷的成員來說，在團體初期，催化「普同性」與「希望的注入」的治療因素是重要的。

二、醫療系統的轉介

依據自殺及自傷個案的個別需求，需要提供不同的方式加以協助、支援。最首要的工作便是確保其生命安全，所以醫療系統的照顧是必須的。另外，部分當事人在接受心理諮商輔導時，也必須先透過藥物的治療，維持一定的身心狀況，在生理基礎之下，心理輔導才能有效介入。雖然安排個案進入了醫療系統，但是助人工作仍須積極進行，同時在醫療系統與學校、家庭以及案主之間，形成一個鞏固的照護和支持系統。

三、家庭系統的支持

家庭是影響孩子最重要的系統，不論是父母的意見、讚美及支持……，即使只是一個肢體碰觸、問候，對於企圖自殺或自傷的人來說，都是很重要的。

而如果不幸的事情發生了，家人往往很難去接受。家人此時最重要的是，要能夠平撫自己的情緒，使情況穩定下來，接下來便是「接觸孩子」。可以用語言的方式與孩子溝通，若不知該如何說時，也可以嘗試以非語言的方式傳達家人的接納與愛，可能是摸摸頭或拍個肩膀……等，因為非語言的溝通也是分擔痛苦的一種方式。

整個自殺及自傷防禦的過程需要許多人的介入，而家人也正扮演這過程中很重要的角色。除了陪伴外，也應盡量去了解孩子到底發生了什麼事情。要注意的是，千萬不要因為孩子自殺或自傷而責怪孩子，也許我們所認為的小問題，在孩子的眼中正是無法處理的狀況，家人在充分了解之後所要做的，便是協助孩子，並和他／她共同討論解決的方案，進一步尋求支援。

四、從小做起煩惱少

自傷的防範——生命教育應從小做起，E世代的學生受到科技的影響，對於生命的價值、人生的意義、人我關係、人與大自然的關係，以及生死問題，常無法真正了解，也因而衍生出許多不尊重他人生命與自我傷害的事件。因此，「生命教育」之目的即在於引導學生思考自己的「一生」，協助學生確立個人的人生觀。

教育人員或助人工作者可試著透過生命教育活動的進行，來啟迪孩子去思考人生中的種種議題，並進而協助孩子創造個人的生命價值，了解自己生命的意義和目的，以及學會尊重、關懷與珍惜生命。

柒、案例說明

　　接下來，我們透過影片中的五個案例，來做有關自傷和自殺行為與處遇的說明。

　　案例一：雅惠，國中二年級女學生。自傷原因：家庭問題。自傷方式：用菸蒂燙自己。

　　這個案例是典型因家庭問題引起的自傷行為，案主雅惠有可能是透過自傷來引起爭吵中大人的注意，也有可能是承受不住大人的問題，而以自傷的方式做情緒壓力的宣洩。雅惠可能並非真的要自殺，相反的，其手腕上留下的燙印，其實透露了雅惠內在需要安慰的痛苦。這時身旁的支援系統就顯得相當重要了。身旁的人也許是老師或同學，不宜以異樣眼光來評價雅惠，更不宜以訓斥方式來接近雅惠，這時雅惠真正需要的是「被了解」與「被關懷」（儘管她做出相反的舉動——要同學不要管她，要同學離開）。

　　案例二：陳吉，高中一年級男生。自殺原因

不明。自殺方式：跳樓。

這個案例最發人省思的是──在校乖巧、成績優異的學生，怎麼會想自殺。其實，從來不曾讓人擔心的人，是有可能自殺的，因為從不讓人擔心，所以一旦出了問題，也會不希望讓別人擔心。而從小成績優異的人，更容易讓我們陷入自殺的迷思。成績優不優異與情緒調節能力沒有必然關係，有些成績優異者往往因為「太在意」表現良好，或是「要求完美」，而無法忍受不完美。這個案例又透露出另一個重要的課題，那就是對於親眼目睹自殺過程的人，也需要輔導與助人的協助。親眼目睹重大災難者，容易在事後出現「創傷後壓力症候」（PTSD），所以同樣需要助人工作者的介入。一般來說，如果有下列一種或數種的症狀同時出現，就更應該積極地做輔導的介入。

- 鮮活的記憶，或是瞬間回到過去，重新再經驗事件。
- 感覺「麻木的感覺」。
- 對於日常情境中平常的事，覺得無法負荷，或對於平常做的工作或有興趣的事失去了活力。
- 無法克制地哭泣。
- 孤立、避免社交場合。
- 漸漸依賴酒精或藥物。
- 非常情緒化。
- 難以入眠、睡太多或做惡夢。
- 有罪惡感。
- 對未來覺得害怕，感覺世界末日。

案例三：淑娟，三十五歲女子。自殺原因：姊弟戀，為反抗家庭壓力而殉情。自殺方式：喝農藥。

此案例在社會中容易會被貼上「不倫之戀」的標籤，相同的情形也出現在同性戀者身上，在負面的標籤之下，常常選擇隱藏起來，故而不易做自殺的預防工作。雖然如此，整個社會風氣若是強調正向以及正面的情感問題處理方式，那麼，一般民眾也會學得以正向和正面的角度來看自己的問題。這個案例直接對助人工作者的衝擊是，助人工作者不能完全只待在自己的諮商室或辦公室等待個案，助人工作者有時也要主動積極地走進社會，負起教導社會正向風氣的責任。在這個案例中，也會引發助人工作者自己的價值觀問題。助人工作者在面對社會規範無法包容的案主行為時，心中是怎麼想的，都可能會直接或間接地影響給當事人，也因此，助人工作者本身更應審慎覺察自己的價值觀，評估其對當事人的影響。

案例四：泰源，五十歲中年男子。自殺原因：家庭經濟壓力。自殺方式：瓦斯中毒。

在泰源的故事中，呈現的也是台灣近幾年來相當典型的，在經濟的壓力與失業的危機下所面臨的苦楚。案例主角雖為男性，但在真實生活中，亦不乏女性攜子女跳樓、吞藥、燒炭自殺等。經濟困頓的確是許多成年人的大問

題，這時要負起的不只是個人的生計而已，往往還要負擔一家老小的經濟重擔。不過對男性成年人來說，另一個致命傷可能是因失業問題而引起的「自尊」與「價值」的問題。在我們的社會中，長期將一個人的價值，特別是男性的價值，建立在「工作賺錢」上，一旦工作消失，一個人的生存價值便面臨了崩潰的可能性。因此，面對中年男女的失業或者是重大的失落問題時，不宜僅以「安排工作」作為唯一的出路，生命過程中自我價值的重新建構，是另一個不可忽視的議題。

案例五：茹雯，大學二年級女生；家豪，大學二年級男生。自傷原因：情侶糾紛。自傷方式：割腕以及捶牆。

以上的例子在年輕人的感情世界中，可能是經常上演的戲碼，在感情的衝突與危機中，年輕人會採取激烈的方式懲罰自己或懲罰對方。一般來說，這時如果其中一方有人格的問題，例如邊緣型人格（borderline personality）問題的時候，愛恨情仇的處理將更為棘手。有時，這樣的自傷方式會在「疑似被拋棄」的焦慮中被放大強化，轉而以嚴重自傷或傷害他人的方式來處理，有時更可能因為這樣而誤觸法網，造成令人扼腕的局面。這個案例提醒助人工作者在處理情感問題時，需要具備敏銳的觀察力，能對個案的人格成長歷史有所了解，畢竟一個人成年後的情感型態，某種程度來說，反映出了部分生命早期與重要他人親密關係的型態，而此時若可以回到早年情感經驗的探討，

將可以對其情感困擾的處理有所助益。

捌、結語

本文針對自殺與自傷的重要議題做簡要說明，包括自殺預防工作的需要性、相關概念的澄清、自殺的評估、輔導的介入，以及案例的說明。這些說明也許無法涵蓋所有自殺和自傷行為的多樣樣態及複雜性，但是希望藉著本文的說明能夠喚起所有關心此議題的人，在不久的將來，能夠投注更多的心力從事自殺與自傷的預防工作。

10

〈校園〉憂鬱症的認識與輔導

李文雅、蕭 文

壹、前言

　　健保局台北分局的資料顯示得知憂鬱症肆虐的情形：自八十九年九月至九十一年八月兩年間，有 96,507 位民眾於台北市醫療機構門診就醫，並被診斷出罹患憂鬱疾患，男女比約為 1：1.7；然其中 31,418 位民眾兩年內僅接受一次相關之門診診療。由此窺見，即便已診斷為憂鬱症，將近 30% 的民眾顯然未受到持續的治療。再由求助病患之平均就診次數觀之。雖然，此一現象須謹慎分析解讀，但就憂鬱症之病程與當今之治療準則檢視，已足堪暴露憂鬱症病患治療不足之現況。

　　更重要的是，我們如何站在心理衛生的觀點，對待與幫助在我們生活周圍中的憂鬱症患者。以下提供讓人記憶猶新的案例，學著向前看，讓可能釀成的悲劇終止在我們能夠對於憂鬱症有正確的認知。

貳、相關案例

案例一：建中資優班學生尋短

　　建中資優班學生杜建宏疑似上吊自殺於崇德隧道口北端下方六十公尺處觀景台觀海區旁的樹上。根據校方資料顯示，杜生有憂慮傾向的就醫紀錄，平日獨來獨往，曾兩度蹺家，是學校長期追蹤輔導的對象。建中主任輔導教師

在接受訪問時，也提到杜生在自殺前一個星期五，也參加了高三資優班舉辦的同樂會，與同學玩得跟開心，並沒有任何的異狀。隔天家長發現他不見，但並未向學校通報。直到接獲花蓮崇德派出所通知，才知道學生出事。家長聞訊後，情緒激動不已……。

案例二：不定時的人肉炸彈

患有躁鬱症的柯小姐獲得銀行核發三十三張信用卡，欠下一百六十多萬的債務；志明（化名）也是在躁鬱症發作時，一口氣訂了三棟預售屋，家人發現後，持醫院開立的診斷書向建商苦苦哀求，才以賠償五萬了事。

高雄縣岡山鎮晚間發生兒子殺死母親的命案，一名三十五歲，罹患躁鬱症的男子，疑似病發，晚間持水果刀刺死自己的母親後再自殺。殺死自己媽媽的男子又拿刀自殺，被送到醫院急救，頸部、手腕縫了二十多針，驚險撿回一條命。

發生在台南撞球場的情殺命案，檢方今天驗屍，持刀砍殺女友後再自殺的少年父親悲傷地說，十七歲的兒子從國中時期開始就患有躁鬱症，情緒相當不穩定，才會在跟女友吵架後，情緒失控動刀殺人。

案例三：家人讓我更憂鬱

「憂鬱症病人如果不是嚴重到要自殺，家人不會注意。」有三十多年對病人與家屬的輔導經驗，台大精神部資深社工師黃梅羹指出，尤其是青壯年的患者，家人起初更不易諒解。

醫院復健科裡，外表敦厚老實的盧義發靜靜靠著牆，陪太太陸品瑰一起來做星期五晚上的團體治療。憶起去年，他坦言，最初不了解狀況，每次下班回家見到太太「臉臭臭的」，不擦地、煮飯，直覺就是「懶惰」。聽到太太抱怨「失眠」，更覺得一定是她白天睡太多。直到一個月後，陸品瑰自殺獲救，他才正視憂鬱症，積極買書閱讀，每次都陪太太求醫、治療，風雨無阻，並告訴陸品瑰：「我一定要幫助你走過這一段！」

　　大多數的我們都是透過媒體認識憂鬱症，在聳動的標題及辛辣的文字下，很容易對於憂鬱症有標籤化或是不正確的了解。憂鬱症雖被稱為「心靈的癌症」，但透過早期發現及配合適當的治療與之相處，都有可能讓病情變好或不致更加惡化，下面就讓我們來認識憂鬱症。

參、認識憂鬱症

　　臨床上將憂鬱症分為五大類：

　　㈠**輕鬱症**：經常愁容滿面，缺少快樂經驗、常擔心自己能力上的不足，不致影響工作能力。

　　㈡**重鬱症**：嚴重妨礙一個人的職業功能或角色。

　　㈢**躁鬱症型**：除了有憂鬱症的症狀外，還曾經歷一段時間的躁症，如：精力無窮、不須睡眠、多話、計畫特別多、好管閒事、誇大揮霍。此類型在躁症時期不具有病勢感，且活動力旺盛。在報章媒體上看到刷爆信用卡、無預

警地做出一般人難以理解的瘋狂舉動，就是躁症發作期典型的表現。

㈣**發展期憂鬱**：不會用情緒字眼表達感受，卻被身體的不適深深困擾，常因胸悶、腸胃道不舒服、上腹痛等症狀四處求醫，卻找不到任何足以解釋身體症狀的疾病診斷。

㈤**季節性的憂鬱**：秋冬之際，憂鬱症特別明顯，並有倦怠、嗜睡、暴食等症狀。

根據 DSM-IV，判斷成人憂鬱症的九大指標（APA, 1994; Parachin, 2000）：一天中大部分的時候都很憂鬱，且天天都如此，對日常活動皆失去興趣，胃口不佳（體重減輕）或食慾增加（體重上升）、失眠或過度睡眠、精神過度遲緩、疲勞或失去活力、無價值感或過度的罪惡感，思考力、注意力減退或容易猶疑不決，反覆想到死亡或有自殺意念、自殺企圖等。

儘管 DSM-IV 用量化的方式統計出憂鬱症的九大特徵，但對於未受過心理相關訓練的人士卻難以辨別；在許佑生以個人經驗出發撰寫而成的《晚安，憂鬱》書中，提到教科書《克服憂鬱症》裡，對憂鬱症做了簡潔而精確的定義，指稱它是：「一堆持續的症狀，可以從幾星期到幾年之間，症狀區分為四種群組：你如何想（對自我、世界、未來的負面觀感）、你的身體怎樣反應（睡覺與食慾都有困難）、你怎樣行動（動作變慢、冷冷淡淡）、你如何感覺（憂傷、罪惡感、焦慮）。」直到看了這四個向度的定義，許先生才了解與確定自己過去想法上的悲觀、對於自己所愛的精緻食物不再有胃口、胸口悶、頭痛、對於

過去所喜歡的聚會感到無聊而失去興趣等症狀，源自於憂鬱症。

　　兒童與青少年憂鬱症的成因至今仍未有確切的了解，但已由一九六七年前否認兒童憂鬱疾患的存在，及一九六七年後「偽裝的憂鬱」，用以間接承認兒童及青少年憂鬱現象的存在，到今日視其與成人憂鬱症一樣普遍的問題。雖然診斷的標準不同於成年憂鬱症的現象，如表現出來的行為以沉默、攻擊、頭痛或身體不適等方式呈現，及容易被標籤化為偏差行為，或因此尋求非精神科的門診治療。憂鬱症在此階段容易與其他精神上的疾患共症，使得兒童及青少年的憂鬱症在了解及發現上，遠比成年來得更加困難，但起碼我們已對這未知真確原因的疾患有較正確的認知。

　　兒童及青少年的憂慮症成因與成人不全然相同，我們可由認知、生理、心理及家庭四個層面切入。

一、認知層面

　　Beck（1979）指出，憂鬱的人往往有負向的自我概念，也容易有錯誤的訊息處理來維持其基模：

　　㈠**隨意推論**：沒有充足及相關的證據任意下結論。

　　㈡**選擇性斷章取義**：根據整件事的細節便下結論。

　　㈢**過度概化**：不恰當地運用意外事件所產生的信念在不相似的事件或情況中。

　　㈣**個人化**：將負向事件毫無理由地與個人做連結。

　　㈤**二極化的思考**：指思考或解釋事情時，採用全有或全無的思考方式。

由上述可知，不當的認知基模在面對事件時產生的扭曲思考，進而形成負向的認知三角，會形成憂鬱的現象。青少年在此階段，在認知上迅速的發展及易於將概念理想化，在現實中會碰到與理想衝突而有挫折感，在挫折感的累積之下，容易導致認知上的失調，進而造成憂鬱。

此外，學齡中的青少年除了面臨自我發展的任務外，尚有學業上的壓力。國內升學主義掛帥，若青少年在學業上經驗到不可控制的事件，以致後來對事件毫無反應，也會導致：(1)動機缺陷；(2)情緒缺陷；(3)認知缺陷，三者合併稱為習得無助的缺陷（Seligman,1986）。若學生在學業上難以達到師長的要求，容易增加個人負向的概念，進而產生憂鬱。

二、生理層面

多巴胺、血清素與內分泌失調假說，也常用來解釋憂鬱症的形成原因。腦部中最重要的為神經細胞，細胞間相互連結形成複雜的迴路系統，而與憂鬱症有關的大腦機制，就在於神經細胞間的傳遞過程。神經細胞在傳達訊息時，必須分泌「神經傳導物質」到神經細胞間的間隙中，並讓物體吸收，才能完成訊息傳達的功能。神經細胞回路的功能，就會在傳導物資的量或接收體的功數量及功能降低時，受到影響；也就是當所分泌的物質較低時，會引發憂鬱症。青少年在成長的過程中，內分泌腺體所分泌的荷爾蒙，或是第二性徵出現所帶來的身體變化，也都是影響的因素之一。

兒童及青少年憂鬱性疾患與遺傳有關係，若家族中具

有血緣關係的親屬罹患，則患病的比例會提高。由於僅能採族譜調查或就雙胞胎進行研究，無法將環境的因素納入其中；這也提醒了我們，要用不同的向度去思索憂鬱症成因，而非單純就生物的角度解讀憂鬱症。

三、心理層面

學齡期的兒童及青少年除了家庭關係外，到了學齡期還加入了老師、朋友的人際關係。缺乏適當的社交技巧及社會支持的來源，而使自己在孤立的社會情境中產生許多的社交挫折，也是形成憂鬱症的成因。當社交網路較窄，也少和人互動、朋友也少，容易覺得與他人的互動過程很累，也讓他們不舒服或不愉快。青少年階段同儕的互動狀況高而頻繁，若缺乏良好的社交技巧，容易在學校生活中感到挫折，進而有負向的思考。此階段也是對親密關係好奇的階段，若與親密友人的交往遭遇不順，或是性向上的困擾，也可能是潛在發展出憂鬱症的成因之一。

四、社會層面

青少年與父母的關係是青少年憂鬱的危險因子中，最常被探討到的。當父母的教養態度不當，也就是當父母對孩子有不合理的預期，甚至缺乏教養技巧，而形成孩子情感跟行為上的衝突，或是父母對孩子的支持較低時，也容易造成青少年的孤立感。若父母本身具有憂慮傾向，孩子則有可能會模仿且在當中得到增強。

青少年遇有心理困擾或挫折時，最常尋求「同儕」的支持，但「家庭」才是其憂鬱程度高低的主要影響因子；

父母的婚姻狀況與教養方式也與青少年的憂鬱程度有高度相關。父母離婚、父親或母親已過世，或有其他與家庭成員相關的失落經驗，如失去親人或是重大事件所造成的失落與創傷經驗，也都可能會引發憂鬱。此外，管教態度較嚴格的家庭，孩子有憂鬱情緒的傾向較高。

就家庭系統來看，當家庭的功能出現問題，系統為了維持平衡，徵狀絕大多數不是出現在大人身上，而是由較無行為能力的兒童及青少年發病，成為系統中的代罪羔羊，也有可能引發憂鬱症或是強迫症等。因此，在檢核兒童與青少年的憂鬱症時，不能僅以孩子為單位概念化孩子患病的來由，得將家庭狀況有全盤的勾勒及了解。

肆、師長能做些什麼

兒童憂鬱症傾向常與 ADHD、CD、ODD 與強迫症共病狀況，更加深指認的難度，但真正的憂鬱症很少是發生在十歲前的。在青少年期，躁鬱症病人常未察覺自己情緒出問題，容易和親友起衝突，家屬勿對患者採取過分批評或敵視態度。吳佳璇提醒，有些患者在青春期間發病，表現出來的是鬱期情緒低落不想讀書；或躁期發作，流連網咖不想睡覺，常被解讀為逃避升學壓力而誤診，家長應多加關心。

董氏基金會心理衛生組最新一項調查顯示，現在的七年級生每五人就有一人憂慮情緒偏高，且須專業人士進一步評估（董氏基金會，2002）。他們認為，時常或總是讓

自己鬱卒的事，前三名分別為「考試」（占 44.4%）、「課業的表現」（占 37.9%）及「金錢」（占 26.8%）。調查中也顯示，他們主要的支持管道是來自同儕，可是家庭支持與否，卻是最能影響其憂鬱程度的多寡；若是家庭對青少年的支持愈高，其憂鬱程度愈低。

不只青少年不知道自己怎麼了，連家人與老師都容易因誤解而造成青少年的二度傷害。有著了解而關懷的態度，家長或教師在責罵前若能了解孩子的內心世界，並且知道如何去使用現有的資源幫助自己及孩子，是走出藍色幽谷更重要的課題。用更寬廣的包容心，與孩子共同走過這一段歲月，許多的懊惱是可以先預防的。

以下就讓我們藉由本文開頭所提出的案例，進行討論，讓我們對於憂鬱症有更正確的認識。

案例一

迷思一：沒有學業上問題的孩子較不用操心

> 「如果十七歲的你，想的只是比賽有沒有得名、能否升大學、尿尿是不是一直線？那是多麼幸福的啊！」——引自電影《藍色大門》

青少年處在很特殊的一個階段，在他們稚氣的外表下，可能住了思想相當成熟的大人，也容易困在現實與理想的落差。杜生的自殺並非個案，民國八十三年間也有兩位北一女學生選擇燒炭的方式結束生命。其師長及同學都覺得她們兩位思想相當早熟，而她們平日也很喜歡閱讀與尼采相關的書。

人活在世上，有不同的焦慮感存在著，而我們能做的是，讓學生們除了學業上的薰陶外，也參與相關的社區服務，讓他們開始學著去面對人生中可能的不完滿；而身為師長的我們，也應在一旁協助他們，用不同的角度去思考問題。認知上的改變隨之而來的，在行為及情感上的表現也會有所不同，協助此階段的青少年對於世界有個正確而健康的認識，讓他們不致因理想我及現實我間的不協調，而做出難以挽回的行為。

迷思二：憂鬱患者的自殺，只是引起大家對他的關心

> 「憂鬱症就像一隻看不見的手，你無法抓住他，但他卻能抓住你。」──引自《快樂是我的奢侈品》

對於患有憂鬱症的病患，自殺是唯一取回身體控制權的方法。而根據歐美的研究顯示，自殺死亡者有 45%到70%是憂鬱症病人，憂鬱症病人有 15%死於自殺。自殺也是精神病患的症狀之一，且病人常會不斷重複地自殺，而且在自殺前幾乎沒有徵兆。

因此，隨時詢問有關「最近是否有尋死的念頭？」若回答有，則更進一步去追問有想過哪些尋死的方法？或是這樣的念頭出現在腦海中的頻率有多高？詢問當他悲傷、難過、情緒到谷底時，他第一時間可以聯絡誰？且也別忘了跟其訂定契約，跟他約定在下一次的談話或碰面前的這段時間，只要有自殺的想法竄入腦中，馬上與自己聯絡。透過口頭或書面簽訂合約的方式，讓他最起碼能在下次談

話前，確保他的生命狀態；且也應通報其周遭社會資源，一起注意該生的狀況。

迷思三：只要定期做追蹤，對於個案的狀況能有所掌握

「個案並不是照劇本演出的」。我們無法由 DSM-IV 或是任何人的患病經驗，斷定我們所做的是百分之百的周詳，而個案也並不是照著我們所熟知的條例式內容而生活，每個人都活在自己所建構出的社會裡。重要的是，我們如何透過既有的知識概念化及做好預防措施，隨著個案不同的狀況，而有因應的策略。

憂鬱症的人在發病期，沒有多餘的念頭或是力氣去執行自殺的行為，等到脫離鬱期時，開始有些微的行動力及思考能力時，會想要藉自殺的方式奪回人生的主控權。因此，不僅要對個案做定期的追蹤輔導，特別是當學生的情況有好轉時，更應通報周圍的人多加注意他的言行舉止，這樣才能預防意外的發生。

案例二

迷思一：憂鬱症只會表現出低落的情緒

根據 DSM-IV 憂鬱症屬於情感性疾病的一種，而我們也在前面對於憂鬱症有一小段的介紹。患有憂鬱症的人若只有鬱期，則為單極性的病患，但是此種單純病歷存在並非占絕大多數。而在此階段的青少年，若有躁鬱症的可能，會在躁期行為上表現出流連網咖不想睡覺，被解讀為逃避升學壓力而誤診，在鬱期表現出情緒低落不想讀書。而這些徵狀都很容易讓師長對該生有不正確的了解，認為他們是問題學生，標籤化他們，使他們獲得協助的可能性降低。

師長們發現孩子有較不尋常的行為表現時，也應用較關懷的態度去了解他們，憂鬱症的患者常被外界認為處在孤立的情境，他們也知道有社會網絡的支持對於他們是利多的，但由於患病使他們難以花力氣經營人際關係，確實的傾聽對他們來說是足夠的。而憂鬱症患者所受心理上的折磨，我們是難以單就其描述而有全盤性的了解。用專注而同理的方式回應他當下所要表達的想法和感覺，但不驟然地說出：「我完全了解你的感受」，且避免想要去治療他而提供別人的治癒經驗。

　　許佑生在《晚安，憂鬱》一書中，提到一群藉由運動而自憂鬱症康復的人士，在短片上呼籲「多運動時」的心情：我真希望他們多繞一點彎，籲請身邊有憂鬱症患者的家人、朋友：「我知道多運動對患者有很大的幫助，但是請注意，他們處在身心交瘁的癱瘓中時，毫無可能會自行去運動，所以要大家哄，要騙，想盡辦法拖著他們盡量動一動，例如先從簡單的跳繩開始，不必離家也能進行，然後再慢慢增加運動……。」

　　兒童及青少年在口語的表達上未若成人精緻，因處在權力較低的位置，感受會更加敏感，別讓關心成為他們另一個扛不動的包袱。

迷思二：在躁期的人知道自己做了哪些行為

　　事實上，躁鬱症的人在躁期是不具有病勢感的，就算他們覺得自己的行為是不適切的，他們也不大有能力去阻止自己的行為，而又因他們並非完全無判斷能力，因而不能向法院申請為禁治產人；但精障患者家長可以向金融聯合徵信中心註記，提供發卡銀行參考，審慎核卡。為了避

免患有精障患者成為無辜的債務人，金融聯合徵信洽詢電話（02）23813939 轉 232。

案例三

迷思一：身體上的疼痛，只是逃避現有工作或壓力的方式

陸汝斌表示，有三分之二以上的憂鬱症患者就醫主因是生理症狀，而被診斷出有憂鬱症的患者，最早期的症狀約有65~69%會出現前述的生理疼痛。有愈多疼痛項目者，罹患憂鬱症的比率愈高。有偏頭痛的人罹患躁鬱症的機率，是一般人的 4.1 倍；罹患憂鬱症的，是一般人的 1.8 倍；罹患焦慮症的，是一般人的 2.1 倍。很多人以為偏頭痛是工作太勞累、壓力大造成的，其實是腦中某種元素起了變化。

> 身體會說話，當出現相關的症狀時，除了尋求相關生理上的檢查，也可以透過專業的精神相關單位進行診斷及評估，在患病的前六個月為治癒的黃金時期，若能早期發現且正確的治療，對抗心靈癌症應非難事。

迷思二：憂鬱症靠藥物及配套的治療就能痊癒

對於憂鬱症的照護，需要結合非精神科共同參與。國內外的研究早已顯示，很大部分罹患精神疾病的人，不會在症狀發生一開始的時候，就去尋求精神科的專業協助，反而是去基層醫療以及非精神科的其他各科求治。這樣的情形也發生在憂鬱症，因為不論在疾病發作的初期，或是臨床診斷為輕度或是重度的憂鬱症，都會出現類似身體不

適的症狀。另一方面，憂鬱症常常與藥癮或酒癮併患，而後兩者的疾病也往往是在基層醫療或非精神科的其他各科求治。

根據 Beck 的研究資料顯示，憂鬱症患者透過團體治療的方式，治癒的機率較高，因此除了使用藥物外，配合團體治療會是更好的方式。而家人若是能在患者得病的期間給予全力的支持，對於患者是最好的藥物。

許佑生的愛人何葛瑞提出憂鬱症家屬最好有的心態：「體諒佑生的思考角度與想法跟我不一樣是重要的。和憂鬱症患者生活是需要很大的挑戰，你會輕易誤會對方只是杞人憂天，在憂鬱症患者面前表達你的挫折會讓問題更嚴重，也會增加他的額外負擔。所以，我該做的就是不要老是懷疑佑生對我產生的惡意、漠視，忘掉那些是出自心理健全者就會十分傷人的言行，並且專注於他的復原情況。」

這是一條漫長而艱辛的路，讓我們共同走過。

國家圖書館出版品預行編目資料

諮商與特教實務有聲圖書學習手冊／蕭文總策畫.
--初版.--臺北市：心理，2005（民 94）
冊；　公分.--（有聲圖書；3）

ISBN 957-702-789-X（第 3 輯：平裝）

1.諮商－手冊，便覽等　2.特殊教育－個案研究
3.輔導（教育）－個案研究

178.4026　　　　　　　　　　　　　　94006983

有聲圖書 3　　**諮商與特教實務有聲圖書(三)學習手冊**

總 策 畫：蕭　文
執行編輯：謝玫芳
總 編 輯：林敬堯
出 版 者：心理出版社股份有限公司
社　　址：台北市和平東路一段 180 號 7 樓
總　　機：(02) 23671490　　傳　　真：(02) 23671457
郵　　撥：19293172　心理出版社股份有限公司
電子信箱：psychoco@ms15.hinet.net
網　　址：www.psy.com.tw
駐美代表：Lisa Wu　tel: 973 546-5845　fax: 973 546-7651
登 記 證：局版北市業字第 1372 號
電腦排版：龍虎電腦排版股份有限公司
印 刷 者：玖進印刷有限公司
初版一刷：2005 年 6 月

定價：新台幣 200 元　　■有著作權‧侵害必究■

ISBN 957-702-789-X

讀者意見回函卡

No. _____

填寫日期：　年　月　日

感謝您購買本公司出版品。為提升我們的服務品質，請惠填以下資料寄回本社【或傳真(02)2367-1457】提供我們出書、修訂及辦活動之參考。您將不定期收到本公司最新出版及活動訊息。謝謝您！

姓名：_____　性別：1□男　2□女

職業：1□教師 2□學生 3□上班族 4□家庭主婦 5□自由業 6□其他____

學歷：1□博士 2□碩士 3□大學 4□專科 5□高中 6□國中 7□國中以下

服務單位：_____　部門：_____　職稱：_____

服務地址：_____　電話：_____　傳真：_____

住家地址：_____　電話：_____　傳真：_____

電子郵件地址：_____

書名：_____

一、您認為本書的優點：（可複選）

　❶□內容 ❷□文筆 ❸□校對 ❹□編排 ❺□封面 ❻□其他____

二、您認為本書需再加強的地方：（可複選）

　❶□內容 ❷□文筆 ❸□校對 ❹□編排 ❺□封面 ❻□其他____

三、您購買本書的消息來源：（請單選）

　❶□本公司 ❷□逛書局⇨_____書局 ❸□老師或親友介紹

　❹□書展⇨____書展 ❺□心理心雜誌 ❻□書評 ❼其他_____

四、您希望我們舉辦何種活動：（可複選）

　❶□作者演講 ❷□研習會 ❸□研討會 ❹□書展 ❺□其他____

五、您購買本書的原因：（可複選）

　❶□對主題感興趣 ❷□上課教材⇨課程名稱_____

　❸□舉辦活動 ❹□其他_____　　（請翻頁繼續）

廣　告　回　信
台　北　郵　局　登　記　證
台　北　廣　字　第　940　號
（免貼郵票）

 心理出版社 股份有限公司
台北市 106 和平東路一段 180 號 7 樓

TEL: (02) 2367-1490
FAX: (02) 2367-1457
EMAIL:psychoco@ms15.hinet.net

沿線對折訂好後寄回

六、您希望我們多出版何種類型的書籍

　❶□心理 ❷□輔導 ❸□教育 ❹□社工 ❺□測驗 ❻□其他

七、如果您是老師，是否有撰寫教科書的計劃：□有□無

　　書名／課程：＿＿＿＿＿＿＿＿＿＿＿＿＿＿＿＿＿＿＿＿＿

八、您教授／修習的課程：

上學期：＿＿＿＿＿＿＿＿＿＿＿＿＿＿＿＿＿＿＿＿＿＿＿＿

下學期：＿＿＿＿＿＿＿＿＿＿＿＿＿＿＿＿＿＿＿＿＿＿＿＿

進修班：＿＿＿＿＿＿＿＿＿＿＿＿＿＿＿＿＿＿＿＿＿＿＿＿

暑　假：＿＿＿＿＿＿＿＿＿＿＿＿＿＿＿＿＿＿＿＿＿＿＿＿

寒　假：＿＿＿＿＿＿＿＿＿＿＿＿＿＿＿＿＿＿＿＿＿＿＿＿

學分班：＿＿＿＿＿＿＿＿＿＿＿＿＿＿＿＿＿＿＿＿＿＿＿＿

九、您的其他意見

＿＿＿＿＿＿＿＿＿＿＿＿＿＿＿＿＿＿＿＿＿＿＿＿＿＿＿＿＿

謝謝您的指教！　　　　　　　　　　　　　　　　23502